Bejick / Stockmeier

Kurzandachten für Beschäftigte in Diakonie und Caritas

Urte Bejick / Johannes Stockmeier

Kurzandachten für Beschäftigte in Diakonie und Caritas

Mit CD-ROM

HERDER

FREIBURG · BASEL · WIEN

© Verlag Herder GmbH, Freiburg im Breisgau 2011
Alle Rechte vorbehalten
www.herder.de

Umschlaggestaltung: Finken & Bumiller
Umschlagmotiv: © Stefan Weigand

Satz- und CD-ROM-Gestaltung: SatzWeise, Föhren
Herstellung: fgb · freiburger graphische betriebe
www.fgb.de

Gedruckt auf umweltfreundlichem, chlorfrei gebleichtem Papier
Printed in Germany

ISBN 978-3-451-34102-1

Inhaltsverzeichnis

Vorwort

Stellen Sie sich vor ...

Sie sind Wohnbereichsleiterin in einem Altenpflegeheim und möchten eine Dienstbesprechung mit einem geistlichen Wort beginnen;

oder Sie sind Pastoralreferent und sollen anlässlich der Osterfeier des Kindergartens eine Andacht halten;

vielleicht sind Sie auch Mitarbeiterin und Mitarbeiter einer diakonischen Einrichtung und wollen es endlich selbst in die Hand nehmen, die Arbeitswoche mit einer Andacht einzuleiten oder zu schließen;

oder Sie sind Ehrenamtliche und möchten der Aufsichtsratsitzung eine besondere Note geben.

Vielleicht möchten Sie aber auch nur einmal ein paar Minuten Muße und lesend den kleinen geistlichen Hunger zwischendurch stillen.

Hierbei möchte Sie dieses Andachtsbuch unterstützen. Sie finden darin Andachten, die durch das Kirchenjahr begleiten, die soziale und pflegerische Arbeit thematisieren, aber auch den Alltag in all seinen Facetten. Manchen »Klassiker« der Diakonie, etwa das Gleichnis vom Barmherzigen Samariter, mögen Sie darin vermissen – hierfür gibt es genügend gute Predigtbeispiele – dafür gilt es eher unscheinbare Texte zu entdecken wie den Bericht über die verborgenen Jugendjahre Jesu oder das Lob von Wasser und Seife.

Alle Andachten sind praxiserprobt. Sie gehen im Wesentlichen zurück auf die »Montagmorgenandachten«, mit denen im Diakonischen Werk Baden die Woche eingeleitet wird, sie wurden auf Fortbildungen und Dienstbesprechungen gehalten. Eine Besonderheit stellen die »Ökumenischen Dialoge« dar, evangelisch-katholische Dialogpredigten, die anlässlich der Jahreskonferenzen zwischen Diakonischem Werk Baden und dem Caritasverband der Erzdiözese Freiburg gehalten wurden – und die hoffentlich zu einer gemeinsamen Veranstaltung mit der anderskonfessionellen Einrichtung nebenan anregen.

Und so können Sie das Andachtsbuch verwenden:

- Sie finden Oberthema, Bibeltext und eine Kurzauslegung oder Meditation zum Lesen, Vorlesen oder als Gedankenanregung;
- der »Impuls« bietet ein Gedicht, eine Meditation oder eine Zeitungsmeldung zum Thema;

- unter »Info« finden Sie exegetische Hinweise, Literaturtipps oder biographische Angaben zu Heiligen und Persönlichkeiten, die im Text genannt wurden;
- zuletzt finden Sie Psalm- und Liedvorschläge aus dem Evangelischen Gesangbuch oder Gotteslob.

Das Ganze gibt's auch auf CD-ROM, so dass Sie individuell eine komplette Andacht ausdrucken und mitnehmen können.

Mit diesem Büchlein möchten wir Ihnen Mut machen, sich als Mitarbeitende in Caritas und Diakonie an eine Andacht zu wagen oder sich als Geistliche in die Lebenswelt der Diakonie zu vertiefen. Vor allem aber möchten wir damit Freude bereiten und Mitarbeitenden eine Atempause schenken, in der sie für ihre Arbeit gestärkt werden und sich als gesegnet erfahren.

In diesem Sinne grüßen Sie

Johannes Stockmeier
– Präsident des Diakonischen Werks der EKD –

Urte Bejick
– Referentin für Theologie und Seelsorge, Diakonisches Werk Baden –

I. Durch das Kirchenjahr

1. Unerwartete Ankunft

Markus 11,1–11

Johannes Stockmeier

▨ Text

Als sie in die Nähe von Jerusalem kamen, nach Betfage und Betanien am Ölberg, schickte er zwei seiner Jünger voraus. Er sagte zu ihnen: Geht hin in das Dorf, das vor euch liegt; gleich wenn ihr hineinkommt, werdet ihr einen jungen Esel angebunden finden, auf dem noch nie ein Mensch gesessen hat. Bindet ihn los, und und bringt ihn her! Und wenn jemand zu euch sagt: Was tut ihr da?, dann antwortet: Der Herr braucht ihn; er lässt ihn bald wieder zurückbringen. Da machten sie sich auf den Weg und fanden außen an einer Tür an der Straße einen jungen Esel angebunden und sie banden ihn los. Einige, die dabeistanden, sagten zu ihnen: Wie kommt ihr dazu, den Esel loszubinden? Sie gaben ihnen zur Antwort, was Jesus ihnen gesagt hatte, und man ließ sie gewähren. Sie brachten den jungen Esel zu Jesus, legten ihre Kleider auf das Tier, und er setzte sich darauf. Und viele breiteten ihre Kleider auf der Straße aus; andere rissen auf den Feldern Zweige (von den Büschen) ab und streuten sie auf den Weg. Die Leute, die vor ihm hergingen und die ihm folgten, riefen: Hosanna! Gesegnet sei, der kommt im Namen des Herrn!

▨ Impuls

herr
willst du ewig der unverfügbare bleiben?
oder wächst du mit meinem gebet?
so offenbare dich auch dem bettler
unter dem unbeteiligten himmel
der herrenlosen stute unter dem regendach

sei weg sei nacht
bis ich dem licht in die falle gehe.

Said[1]

■ Kurzauslegung

Man sieht ihn nicht, ahnt seine Anwesenheit im Türenschlagen und im langsam anschwellenden, dann wieder leiser werdenden Geräusch. Nur für Sekunden hebt sich der Vorhang und man sieht es hin und wieder aufglänzen – man sieht ihn nicht, spürt aber seine Aura und weiß, dass er es ist: gemeint ist ein Modell einer bekannten deutschen Autofirma. Die Nähe zur göttlichen Epiphanie bei der Präsentation des Wagens ist gewünscht: auf einem eigenen Gelände steht eine Autostadt mit mehrere Austellungstempelchen für die blechernen Götter, einer gläsernen Fabrikhalle, in der betuchte Kunden die Geburt und Ausstattung ihres Lieblings persönlich verfolgen können.

»Die Kirchen sind tot … Sinn stiften heute doch nur noch die Unternehmen«, kommentiert der Architekt dieses stählernen Olymps.

Indessen zieht der Totgesagte, der darauf vertraute, dass der Himmel nicht Stahl, sondern ein liebendes, schlagendes Herz ist, weiter unerkannt durch unsere Städte. Was ist so faszinierend an dem doch recht nüchternen Bericht des Markus, dass er zum Adventsevangelium wurde? Da zieht ein Mann vom Land auf einem geliehenen Esel in die große Stadt ein und viele Menschen jubeln ihm zu. Die Ankunft in einer fremden Stadt – wie viele Assoziationen und Träume weckt das. Es muss sich nicht um Jerusalem handeln, wir können auch davon träumen, in Paris aus dem Bahnhof zu treten, abends in den Zug zu steigen und morgens in Madrid aufzuwachen, und selbst Karlsruhe glänzt bei nächtlicher Rückkehr wie eine Verheißung. Oder für alle in der Diakonie Tätigen, die die Dienstreisen allmählich leid sind: auch der Berufsantritt, das endlich durchgesetzte Projekt, das neue Arbeitsfeld strahlen soviel Neubeginn aus. Auch Jesus und seine Jünger sind fasziniert von den Gebäuden der großen Stadt, sie besuchen den Tempel und staunen. Aber wie das mit großen Erwartungen so ist: plötzlich stellen wir fest, dass alte Zeitungen und Plastiktüten durch das kalte Bahnhofsviertel wehen, die glitzernde nächtliche Lichterstadt entpuppt sich als Industrieanlage, die geheimnisvolle Station »Berlin Vinetastraße« hat

---

[1]   Said, Psalmen. © Verlag C.H. Beck, München 2007, S. 81.

nichts mit der versunkenen Stadt gemeinsam, sondern entpuppt sich als zugiger S-Bahn-Haltepunkt. Den in unserem Stadtteilstützpunkt sehnlichst erwarteten sogenannten »sozial Schwachen« ist es ziemlich egal, ob wir für sie sprechen, wie es in diakonischer Diktion so schön heißt, sondern schimpfen auf »die Kirche«, die sich gefälligst nicht in ihre Probleme einzumischen habe; das Leiden der pflegebedürftigen Alten scheint entgegen allem eingebrachten Idealismus über die Kraft der Helfenden zu gehen, wir hatten gedacht, dass es wenigstens in der Kirche am Arbeitsplatz anders zuginge als in der Industrie, aber …

Auf welches Gleis sind wir jetzt geraten? Wir betrachten doch einen Adventstext, der eine prophetische Verheißung aufnimmt. Aber auf diesen Weg hat uns das Markusevangelium selbst geleitet, denn bei der Erzählung vom Einzug in Jerusalem handelt es sich ja nicht um den Anfang eines Evangeliums, sondern um den Anfang vom Ende: den Beginn der Passionsgeschichte. Hier wird ein freudiger Aufbruch ins Unbekannte geschildert und wir wissen, wo er endet: am Kreuz. Ergeht es dem Christus etwa so wie uns? Oder will Gott gerade dies: unser ganzes Geschick teilen, in all seinen Freuden und all seiner Schäbigkeit, nicht nur die Sternstunden. Advent als Beginn der Passion, der Passion Gottes für die Menschen.

Und was für ein Gott! Man sieht ihn nicht, der Evangelist lässt ihn uns nur am anschwellenden Lärm der Menge aufscheinen, dann sieht man einen müden Mann auf einem Esel, noch staubig von der Reise. Ein Passionstext als Adventsevangelium in der beschaulichen Vorweihnachtszeit – eine Zumutung? Geht hier die Reise nicht wieder auf den altvertrauten Pfaden protestantischer Schäbigkeit: Im Überfluss wird gleich mit dem Kreuz gedroht, zu allen innovativen Aufbrüchen ein negativer Kommentar abgegeben: »Das Diakonische Werk bedauert …«, »Die Wohlfahrtsverbände üben scharfe Kritik an …« Wie viel positiver klingt da: »Sinn stiften nur noch die Unternehmen«, die ja die graue Weihnachtszeit mit Lichtern und Musik in jedem Kaufhaus aufhellen und jetzt noch darangehen, unseren öden Sonntagen durch packende Einkaufserlebnisse wieder Leben einzuhauchen. Doch plumpe Konsumkritik wäre hier fehl am Platze, der Mann aus Nazareth liebte bekanntlich die Großzügigkeit und gönnt uns eine Zeit des Schlemmens und des Luxus – wenn es nur nicht so wenig wäre! Dass alles zu wenig ist, merken wir selbst: deshalb werden technische Innovationen als »Aufbruch« charakterisiert, deshalb werden Autos nicht als Gebrauchsgegenstände, die Menschen von A nach B transportieren, sondern als geheimnisvolle Wesen mit eigener Aura präsentiert.

Derweilen zieht der Totgesagte weiter unbekannt durch unsere Städte und wartet darauf, dass man ihn erkennt. Diakonie kann hier Sehhilfe leisten, in der Öffentlichkeit und in unseren Kirchengemeinden, indem sie immer wieder auf die hinweist, zu denen sich der arme Mann aus Nazareth hält: die Kranken, Gebrechlichen, Schuldigen und Verschuldeten, die auch zu unserer Gemeinde gehören und Gemeinde sind. Die vielen »Events« der Adventszeit – der Weltaidstag, der Tag der Menschenrechte, die Eröffnung der Aktionswoche »Brot für die Welt« oder der Tag des Ehrenamtes – spekulieren ja nicht nur auf das vorweihnachtlich weiche Herz und den geöffneten Geldbeutel potentieller Spender und Spenderinnen, sondern wollen darauf aufmerksam machen, worauf es ankommt: auf die Würde der Kranken und Schwachen, auf menschliche Solidarität und Gerechtigkeit, auf Sinnfindung für das eigene Leben. Gott will immer wieder ankommen bei uns und sich dabei verletzlich machen. Er lässt sich nicht in Tempeln bewundern, sondern hat in dem armen Mann aus Nazareth den Tempel verlassen und wartet darauf, dass wir ihn finden: gerade in der Weihnachtszeit, bei den frierenden Obdachlosen, bei den verlassenen alten Menschen, die in den Pflegeheimen weinen, bei den armen Kindern, die enttäuscht unter dem Weihnachtsbaum stehen. Seine Liebe schließt die Passion, die Verletzlichkeit und Enttäuschung mit ein, aber auch den Aufbruch in die neue Stadt, zu dem er uns immer wieder treibt: in die Stadt, deren Himmel nicht aus Stahl ist.

▨ Psalm und Lieder

Ps 24 (EG 711.2)
EG 14: Dein König kommt in niedern Hüllen …
EG 17/GL 115: Wir sagen euch an …

2. Zeit der Ungeduld
Friedrich Spee von Langenfeld

Urte Bejick

▓ Text

O Heiland, reiß die Himmel auf,
herab, herab vom Himmel lauf.
Reiß ab vom Himmel Tor und Tür,
reiß ab,
wo Schloss und Riegel für.

Wo bleibst du, Trost der ganzen Welt,
darauf sie all ihr Hoffnung stellt?
O komm, ach komm vom höchsten Saal,
komm, tröst' uns hier im Jammertal.
(EG 7, 1.4; GL 105)

▓ Impuls

Amnesty International, Jahresbericht 2008
»Europa und Zentralasien«
In weiten Teilen Europas und Zentralasiens waren Frauen und Mädchen aller Altersgruppen und Gesellschaftsschichten verbreitet familiärer Gewalt ausgesetzt. Diese umfasste verbale und psychische Übergriffe, körperliche und sexuelle Gewalt, wirtschaftliche Kontrolle und Mord. Nur ein kleiner Teil der Gewalttaten wurde von den betroffenen Frauen zur Anzeige gebracht. Viele hatten Angst, dass sich ihr gewalttätiger Partner an ihnen rächen würde, oder dass sie wegen anderer Straftaten von der Justiz belangt werden könnten. Andere sahen aus Scham davon ab, Anzeige zu erstatten, oder weil sie befürchteten, »Schande« über die Familie zu bringen.[2]

---

[2] www.amnesty.de; 10. Dez. 2008.

▓ Kurzbetrachtung

»O Heiland reiß die Himmel auf« … das Lied kommt mit unmittelbarer Wucht daher. Schauen wir einmal in die anderen Adventslieder: da ist zögernde Erwartung, ein bisschen Bangigkeit – »wie soll ich dich empfangen« –, viel Innerlichkeit. In diesem Lied ist aber wenig zu merken vom »lieben Advent« mit gemütlichem Kerzenschein, es birst vor Ungeduld, die sich abwechselnd in gewaltsamen und dann wieder sanften Metaphern Bahn bricht: eingetretene Türen, aus den Angeln gerissene Türflügel, ein Heil, das unaufhaltsam wächst. Daneben milder Tau, zarte Blumen, ein hingegebener Heiland, der mit dem Regen fließt. Ein Lied aus der Barockzeit, mit der damals üblichen Emotionalität. Aber kann es uns damit nicht rühren? Vorlage ist ein nicht weniger gefühlvoller Bibeltext:

Blick vom Himmel herab und sieh her von deiner heiligen, herrlichen Wohnung! Wo ist dein leidenschaftlicher Eifer und deine Macht, dein großes Mitleid und dein Erbarmen? Halte dich nicht von uns fern!

Du bist doch unser Vater; denn Abraham weiß nichts von uns, Israel will uns nicht kennen. Du, Herr, bist unser Vater, »Unser Erlöser von jeher« wirst du genannt.

Warum lässt du uns, Herr, von deinen Wegen abirren und machst unser Herz hart, sodass wir dich nicht mehr fürchten? Kehre zurück um deiner Knechte willen, um der Stämme willen, die dein Eigentum sind.

Erst vor Kurzem haben unsere Feinde dein heiliges Volk vertrieben; dein Heiligtum haben sie zertreten.

Uns geht es, als wärest du nie unser Herrscher gewesen, als wären wir nicht nach deinem Namen benannt. Reiß doch den Himmel auf und komm herab, sodass die Berge zittern vor dir.

(Jes 63, 15–19)

Texte der Ungeduld. Hier wird nicht aufs Christkind gewartet, sondern das Heil Gottes ungestüm eingefordert. Sehen wir Weihnachten, der Ankunft des Herrn noch mit diesen heftigen Gefühlen entgegen?
»Was schenke ich bloß der Schwiegermutter? Wenn das bloß schon rum wäre! Was gibt's zu essen? Ich freu mich schon auf die Feiertage« – das hat wenig mit der revolutionären Ungeduld unseres Liedes zu tun. Ungeduld – wieso, ändert

sich ja nichts (hoffentlich?). Wir können uns Geduld, auch Resignation und Langeweile leisten – andere Menschen nicht. Unser Lied ist Anfang des 17. Jhs. entstanden, der Zeit der Gegenreformation, des 30jährigen Krieges, der Hexenverfolgung, der Pest. Da kann man nur so aufschreien!

Was war das eigentlich für ein Mensch, der dieses Lied geschrieben hat? Nun, dieses Lied ist eines der katholischen Lieder, die auch im Evangelischen Gesangbuch Aufnahme gefunden haben. Sein Dichter Friedrich Spee von Langenfeld war Jesuit. Friedrich Spee (1592–1635), geboren in Kaiserswerth, hatte auf Wunsch seines Vaters Jura studiert. Der junge Mann hatte aber einen großen Traum: nach Ostasien zu reisen. Er ließ sich zum Priester ausbilden, trat den Jesuiten bei und hoffte, als Indien-Missionar entsandt zu werden. Dieser Wunsch wurde ihm vom Orden abgeschlagen und erfüllte sich nie.

Spee arbeitete als Beichtvater und lehrte an unterschiedlichen deutschen Universitäten und Kollegien, oft versetzt und von Kollegen angefeindet. Neben Fernweh galt Spees Interesse der Dichtung. Besonders das deutschsprachige Kirchenlied hatte es ihm angetan. Infolge der Reformation entstanden auch in der katholischen Kirche Gesangbücher – sehr oft mit abgewandelten protestantischen Liedern bestückt. Nach der Abfuhr bezüglich der Indienmission erlebte Spee 1622 eine weitere Niederlage: nach seiner Priesterweihe bat er um Veröffentlichung einer eigenen Liedsammlung – die ihm ebenfalls vom Ordensgeneral abgeschlagen wurde. Spee veröffentlichte seine Lieder anonym und wenige Jahre später erschien ein in Köln gedrucktes katholisches Gesangbuch mit mehr als 100 seiner Lieder. Viele sind heute im katholischen »Gotteslob« enthalten, einige auch im Evangelischen Gesangbuch. Nach Spees Tod erschien 1649 eine Sammlung von 52 seiner geistlichen Lieder mit dem Titel »Trutznachtigall« und dem schönen barocken Untertitel »Ein geistlich poetisches Lustwäldlein«. Trutznachtigall – die trotzige Nachtigall, die Nachtigall im Widerstand. Spee wollte damit beweisen, dass es »trutz allen anderen Nachtigallen«, nämlich Liedern in lateinischer Sprache, auch eine deutsche Lyrik geben könne und müsse. Die Lieder sind an die antike Schäferdichtung angelehnt, spielen mit Metaphern aus der Natur und sind z.T. an Gott und Jesus gerichtete Liebesgedichte.

Neben den Liedern verfasste Spee auch seelsorgliche Schriften. Einer seiner für mich schönsten Texte: Ein Bauer berichtet: Aber ich kann doch nicht beten! Ich bin die ganze Zeit im Stall, auf dem Feld! Da bleibt mir keine Zeit! Spee: Aber dein Herz schlägt doch. Du kannst doch dein Herz schlagen hören und das für ein Gebet nehmen.

Ich erzähle Ihnen das hier nicht, um einen Lexikonartikel zu referieren, sondern um zu zeigen, wie Poesie und Leben zusammenhängen – dem können wir vielleicht in unserem Lied nachspüren.

»... komm tröst uns hier im Jammertal« werden wir in der 5. Strophe singen. »Jammertal« – auch so etwas Veraltetes. Für Spee eine Realität. In den Orten seines Wirkens – Trier, Köln, Speyer, Würzburg und Paderborn – erlebte Spee Hexenverfolgungen und -prozesse mit. Die große Zeit der Hexenverfolgungen war nämlich nicht das »finstere Mittelalter«, sondern die frühe Neuzeit. Zwischen 1628 und 1630 wurden Hunderttausende von Frauen (und auch missliebige Männer) hingerichtet. Wenn wir heute niedliche Hexenfiguren auf Besen zur Dekoration nutzen, Frauen sich »Hexen« nennen, dann hat das sehr wenig mit der damaligen Realität zu tun. »Hexen« waren keine weisen Frauen oder Kräuterkundige, sondern ganz normale oder im Verhalten etwas abweichende Menschen, die aufgrund von verhagelter Ernte, Pest, weil ihr Grundstück so günstig an das eigene Feld grenzte oder aus Neid willkürlich angeklagt wurden. Spee war Beichtvater der Angeklagten und begleitete die Verurteilten. Er kam zu dem Schluss, dass er »mit viel Eifer nachgeforscht, auch Macht und Einfluss der Beichte aufgeboten und doch bei keinem von all denen, die er zum Holzstoß begleitet habe, irgend etwas entdeckt, dass ihn hätte überzeugen können, dass sie zu Recht der Hexerei beschuldigt waren.« 1631 veröffentlichte Spee anonym die Schrift »Cautio Criminalis«, in der er die Abschaffung der Hexenprozesse verlangte. Hier kam ihm das ungeliebte Jurastudium zugute. Präzise analysierte er die Mechanismen der Folter, die Menschen gar nichts anderes übrig lässt, als sich schuldig zu bekennen und andere mitzuziehen. Die Folter muss abgeschafft werden! Man darf mit Menschenblut nicht spielen, verkündet Spee.

Aufgrund der Veröffentlichung drohte Spee der Ordensausschluss. Der wurde aber abgewendet und Spee sogar durch den Orden geschützt. 1632 veröffentlichte er eine verschärfte Version der »Cautio Criminalis«. Auch unter ihrem Einfluss wurden in vielen deutschen Fürstentümern die Hexenprozesse verboten. Den Rest seines kurzen Lebens verbrachte Spee als Seelsorger und Professor für Exegese in Trier. Er starb, 1635 im Alter von 44 Jahren, nachdem er sich bei der Pflege pestkranker Soldaten in Köln infiziert hatte.

»O Heiland reiß die Himmel auf« – in den Jahren der »Cautio Criminalis« wurde auch die »Trutznachtigall« zusammengestellt. Lyrik, Dichtung, Kunst, Fürsorge für Kranke und mutiger politischer Einsatz für Schwächere: Spee hat nicht gewartet, bis der Heiland irgendwann einmal wiederkommt, er hat ihm selbst mit seinem Leben ein Stück Wegs bereitet. Vielleicht haben wir nicht nur die Adventszeit, Weihnachten im Auge, wenn wir jetzt das angefangene Lied singen – sondern auch kranke Menschen, hungernde und gefolterte Menschen in Diktaturen, unschuldig Angeklagte und Verfolgte, alle, die hungert und dürstet nach Gerechtigkeit.

▓ Info

Allgemeine Erklärung der Menschenrechte: 10. Dez.1948
Tag der Menschenrechte: 10. Dezember
Literatur: Christian Feldmann, Friedrich Spee. Hexenanwalt und Prophet. Freiburg 1993.

▓ Psalm und Lieder

Ps 1 (EG 701)
EG 7/GL 105, O Heiland reiß die Himmel auf
EG 262, Sonne der Gerechtigkeit

3. Ochs und Esel

Johannes Stockmeier

▉ Text

»Ach Herr, Du Schöpfer aller Ding,
wie bist Du worden so gering,
dass Du da liegst auf dürrem Gras,
davon ein Rind und Esel aß.«
(EG 24, 9)

▉ Impuls

Im Salzburger Land werden in vielen Familien in der Adventszeit ganze Weihnachtslandschaften gestaltet. Krippe und Stall befinden sich in meist alpiner Landschaft und werden von Hirten, der Landbevölkerung und vielen Tieren besucht. Diese Krippen können ganze Zimmer oder Garagen einnehmen und stehen zur Besichtigung offen. Dabei kann eine Bewirtung stattfinden oder ein kleiner Spendenbetrag erhoben werden, der armen Menschen in der Nachbarschaft zugute kommt.

▉ Kurzbetrachtung

In vielen Familien darf die Krippe unter dem Weihnachtsbaum nicht fehlen. In manchen ist es Brauch, der Krippe im Lauf der Adventszeit eine Figur nach der anderen zuzufügen und so den Stall zu Bethlehem langsam zu füllen, bis am Heiligen Abend das Jesuskind in die Krippe gelegt wird. Vielleicht erinnern Sie sich oder beobachten es bei Ihren Kindern: dem Arrangement von Ochs und Esel kommt dabei besondere Bedeutung zu. Wie nahe dürfen die Tiere der Krippe kommen, ohne das Kind zu ängstigen, es aber auch gut sehen und wärmen zu können? Welches Tier steht wo? Mögen aufwändigere Krippen im Gefolge der drei Weisen auch mit exotischen Kamelen, feurigen Araberhengsten oder gar

Elefanten aufwarten: Ochs und Esel, die Proletarier unter den Tieren, gehören zur Grundausstattung jeder Weihnachtskrippe! Mag Joseph auch einmal zum Holzhacken in den Wald gehen, einer der drei Weisen sich unterwegs verlaufen: Ochs und Esel sind immer da und stehen dem Kind am nächsten!

Versuchen Sie einmal Ihren Kindern oder Enkeln eine Krippe ohne Ochs und Esel zu präsentieren! Das geht einfach nicht. Und die Kinder haben recht. Indem sie auf Ochs und Esel, auch auf dem ein oder anderen Schaf, bestehen, beharren sie auf einer theologischen Erkenntnis, die wir – auch unter Theologen – oft gar nicht mehr auszusprechen wagen: dass wir mit Weihnachten nicht nur den Geburtstag des Jesus von Nazareth feiern, der so schöne Gleichnisse erzählt, Kranke geheilt und vorbildliche ethische Regeln gepredigt hat, sondern dass mit dem Kind die Hoffnung auf die Erlösung des ganzen Kosmos, der ganzen bedrängten Kreatur geboren wird. Es geht nicht um das Seelenheil Einzelner, sondern um die Erlösung von Mensch und Mitmensch, Ochs und Esel, Stern und Pflanze, die Heilung der ganzen Welt.

»Die Botschaft hör ich wohl«, können Skeptiker jetzt einwenden, »allein, was hat sich denn seit 2000 Jahren geändert?« Das gemütlich Stroh kauende Rind ist zur Massenware geworden, der ihre eigenen zerkleinerten Artgenossen zum Fraß vorgeworfen werden. Die Natur bäumt sich gegen den ihr angetanen Missbrauch auf. Auch unter den Menschen will kein Frieden aufkommen, weder der äußere noch der innere. Ermordete Kinder, verbrannte Menschen, Unglücke aller Art, gequälte Kreaturen – dies werden uns die Medien schon wenige Tage nach dem Fest im »Jahresrückblick« vor Augen führen. Können wir angesichts so viel Elends wirklich von der Erlösung der ganzen Schöpfung reden?

Die Kinder rücken Ochs und Esel näher an die Krippe, damit das Jesuskind in so viel Kälte nicht friert. Dabei sind die beiden nicht von selbst in den Stall gekommen – die Weihnachtsgeschichte des Lukas erwähnt sie nicht – sondern aus einem Prophetenspruch des Buches Jesaja in die Geburtsgeschichte eingewandert: »Der Ochse kennt seinen Besitzer und der Esel die Krippe seines Herrn; Israel aber hat keine Erkenntnis.« So beginnt das erste Kapitel des Propheten Jesaja (Jes 1, 3). Ochs und Esel kommen nicht aus einem fernen Tierparadies, sondern sind stumme Zeugen einer nüchternen Bestandsaufnahme menschlicher Wirklichkeit: »Von der Fußsohle bis zum Kopf ist nichts Gesundes an euch.« Aber Gott verheißt: »Wären eure Sünden auch rot wie Scharlach, sie sollen weiß werden wie Schnee. Wären sie rot ist wie Purpur, sie sollen weiß werden wie Wolle« (Jes 1, 18). Die frühen Christen haben diesen prophetischen Text in der Geburt Jesu erfüllt gesehen: mit ihr beginnt das Heil der Welt.

Aber feiert mit dieser Übernahme nicht der christliche Absolutheitsanspruch fröhlich sich selbst, dehnt eine ecclesia triumphans ihren Anspruch über den Kreis der Gläubigen ungefragt auf die ganze Welt aus? Da sind Ochs und Esel vor! Für Luther sind sie Zeugen der Verborgenheit und Niedrigkeit Gottes in Jesus:

»Ach Herr, Du Schöpfer aller Ding,
wie bist Du worden so gering,
dass Du da liegst auf dürrem Gras,
davon ein Rind und Esel aß.«

Der Schöpfer selbst bekennt sich zu seiner Schöpfung, indem er sich in sie selbst hineinbegibt. Er verwirft, verbessert, vernichtet oder ersetzt sie nicht, sondern nimmt an ihrer Bedürftigkeit teil. Denn die Welt braucht nicht Beherrschung, Verbesserung oder Verklärung, sondern Heilung. Zu Heil und Heilung ist die Welt bestimmt! Und Gott selbst will sie zu ihrem Heil führen, indem er sich in sie hineinbegibt: Er braucht Ochs und Esel, die ihm Wärme spenden, vor allem aber Menschen: Menschen, die ihm Essen und Trinken geben, Menschen, die ihn kleiden, Menschen, die ihn sprechen, schreiben und lesen lehren, Menschen, mit denen er arbeiten und feiern kann, Menschen, die mit ihm wachen, Menschen, die in der Not bei ihm bleiben, Menschen, die ihn zuletzt begraben und sein Grab besuchen, bis sie erkennen, dass den, den eine Krippe fasste, das Grab nicht halten kann. Gott kommt nicht, um alles auszuwischen, sondern um es mitzutragen. Gott kann und will nicht allein sein. Und so werden wir nicht allein etwa als Auserwählte, als »Rechtgläubige« und Individuen erlöst, sondern nur in Gemeinschaft: mit denen, die wir lieben (und nicht lieben), denen, die wir verletzt haben und die uns verletzt haben, denen, denen wir nie gerecht werden und die uns nicht gerecht werden, mit Tier, Pflanze und Stein. Und das nicht, weil wir gute Menschen sind oder die »richtige« Erkenntnis haben, sondern weil wir zum Heil geschaffen sind und der Heilung bedürfen wie Gott unserer bedarf. Und Ochs und Esel wissen das am besten, weil sie die ganze Schöpfung repräsentieren, die sich selbst nicht zu helfen weiß und es sich nicht leisten kann, auf Hoffnung zu verzichten.

Ach Ochse und Esel, ich sehe schon, wie smarte junge Gelehrte mit der Begründung, alles sei Legende, euch aus der Weihnachtsgeschichte werfen werden. Wo die Auferstehung angezweifelt wird, braucht es auch keine wunderbare Geburt im Stall. Da werdet ihr Kinder brauchen, die euch an die Krippe schieben und Erwachsene, die wenigstens einmal im Jahr glauben wollen, dass alles, alles heil werden soll, weil es der Heilung bedarf.

▉ Info

Die erste Weihnachtskrippe mit lebenden Tieren soll Franz von Assisi gestaltet haben.

▉ Psalm und Lied

Ps 8 (EG 704)
EG 24, Vom Himmel hoch

4. Ein Trost in der Nacht

Lukas 2,8–10

Urte Bejick

▎ Text

In jener Gegend lagerten Hirten auf freiem Feld und hielten Nachtwache bei ihrer Herde. Da trat der Engel des Herrn zu ihnen und der Glanz des Herrn umstrahlte sie. Sie fürchteten sich sehr, der Engel aber sagte zu ihnen: Fürchtet euch nicht, denn ich verkünde euch eine große Freude, die dem ganzen Volk zuteil werden soll.

▎ Meditation

Wenn Arbeit ein Trost ist, dann geht es den Hirten prächtig.
Bei Tagesanbruch bereits auf den Beinen,
die Schafe müssen getränkt und auf die Weide geführt werden,
der Zaun müsste auch mal wieder geflickt werden,
und natürlich Holz gesammelt für die kalte Nacht.
Dann will der Hund gelobt werden
und die Schafe gezählt.
Einer bereitet die einfache Mahlzeit zu,
dann werden die Schafe in den Pferch getrieben.
Eine kurze Rast am Feuer,
dann folgt die Nacht mit unruhigem Schlaf,
immer wachsam, denn es könnte ein Wolf kommen.

Wenn Arbeit ein Trost ist – und das ist sie für viele Menschen –
geht es den Hirten prächtig.
Natürlich kann man sich ein besseres Leben vorstellen, aber die gleichförmige, harte Arbeit gibt Halt. Da weiß man, dass man gebraucht wird.
Natürlich ist es manchmal recht einsam ohne Frau,

neulich kam das Gerücht auf, der Besitzer wolle einen Teil der Herde verkaufen
und brauche dann nur noch drei Hirten,
da kommt man dann ins Grübeln, wenn man nicht schlafen kann.
Oder, wenn man nachts den riesigen Sternenhimmel betrachtet,
überlegt man vielleicht, ob es nicht doch irgendetwas anderes geben könnte,

ja, da denkt man, ganz allein und ohne rechten Trost in der Nacht,
es müsste irgendwie doch etwas anderes geben,
nicht irgendetwas, sondern wirklich etwas – ich weiß auch nicht recht,
ein Zeichen vom Himmel vielleicht.

Welch ein Schreck, wenn der Himmel dann solche heimlichen Gebete erhört!
Glanz bricht aus der Nacht – und die Hirten, die keinen Wolf, keinen wütenden
Bären scheuen, fürchten sich.
Freude und Tröstung versprechen die Engel –
den Schreck muss man erst mal verkraften.

Wenn das Ganze dann, man hat es ja irgendwie insgeheim geahnt,
nicht wieder so zweideutig und mickrig wäre.
Ein Kind in Windeln soll das Zeichen des Trostes sein,
na, da gibt es doch hunderte,
und das denken doch alle Eltern, dass ihr Kind etwas Besonderes ist,
bis es dann, haha, Hirte wird.

Aber dieses Licht,
das da aus dem Himmel bricht,
hört nicht auf zu fließen,
und die Engel geben keine Ruhe,
sprechen ganz neue Worte, die man im Hirtenalltag nicht kennt:
Ehre, Friede, Wohlgefallen,
ganz verrückt machen die Engel einen,
diese Worte gehen einfach nicht mehr aus dem Kopf.

Und so machen sich die Hirten dann auf zum Stall,
jeder einen anderen Wunsch im Kopf:
ein höherer Lohn,
ein krankheitsresistentes Schaf mit seidiger Wolle,

I. Durch das Kirchenjahr

endlich mal ein Paar wasserdichter Stiefel,
oder eine eigene Familie.
Und wie sie so atemlos laufen,
dass ihnen fast die Luft und die Gedanken ausgehen,
als sie merken, dass sie ja ganz leere Hände haben, tritt plötzlich der Trost ein.

Der windschiefe Stall sieht doch wahrhaftig wie ein Heiligtum aus,
und wie klug diese Tiere schauen, der geprügelte Esel und der dumpfe Ochse.
Die Frau im billigen Kleid glänzt vor Freude wie eine Heilige,
so dass der Glanz auf den Mann fällt, der verlegen im Hintergrund steht.
Und das Kind erst!
»Was ist das für eine Welt, in der Menschen im Stall unterkommen?«,
schimpft wütend der Oberhirte,
Zorn und Freude im Gesicht,
»seid ihr sicher, dass wir hier richtig sind?«,
fragt einer skeptisch,
aber die Engel geben keine Ruhe.
Der harte Himmel hat eine Wunde,
aus der unaufhörlich das Licht fließt.

Soviel Glanz, soviel Freude ist auf Dauer schwer erträglich,
die Hirten müssen zurück zu ihren Schafen.
Auch die himmlischen Heerscharen packen ihre Instrumente ein.
»Das war also der Himmel …«, resümiert der Oberhirte, als alle wieder am Feuer
sitzen.
Dieses Feuer ist wirklich sehr angenehm und wie lustig die Flammen springen,
der Wein im Becher schmeckt außerordentlich gut.
Das tat er schon immer, aber heute liegt sein Trost nicht im Rausch und im
Vergessen, sondern – er schmeckt jedenfalls anders.
»Dieses Atmen der Schafe im Schlaf hat etwas ungemein Tröstliches, findet ihr
nicht auch? Lasst uns jetzt alle miteinander das Hirtenlied singen!«
Soviel Glanz überall und ganz unübertroffen der Trost,
der vom Gesicht eines anderen Menschen ausgeht.

Aber natürlich bleibt es in den nächsten Tagen weiter kalt,
der Zaun hat ein Loch,
und dieses Schaf sieht gar nicht gut aus,

wenn das bloß nicht die Räude hat.
Nein, heute Abend wird nicht gesungen,
zu erschöpft, wir brauchen den Schlaf.

Aber ab und zu
öffnet man abends den Weinschlauch und singt das Hirtenlied.
»Weißt du, dass ganz plötzlich, irgendwann mal der Himmel aufbrechen kann,
einfach so?«,
wird der staunende Neue belehrt.
»Einmal wacht man auf in der Nacht und fühlt sich wohl und getröstet.«
»Wisst ihr noch, wie der Himmel auf die Erde kam, und war ein kleines Kind?«,
erzählen sie sich immer wieder.
»Glaubst du, dass alle Menschen und Tiere, dass auch die Toten nicht verloren
sind?«, fragt schüchtern der Hüteknabe,
»Ja sicher –«, knurrt der Oberhirte, »und dass die Reichen nicht oben und wir
arme Hirten ewig hier unten bleiben, das ist mir auch eingefallen, damals, als
wir das Kind sahen.«
Und manchmal, aber nur ab und zu, schaut einer den anderen an,
so verstohlen von der Seite und denkt: »Einmal habe ich dieses Gesicht glänzen
gesehen vor Freude.«

Und immer wieder erzählen sie das,
den Neuen,
der Frau, die immer die Käse abholt,
ja, auch dem Herdenbesitzer, der das nicht recht glaubt,
aber es doch dem Wollhändler weitererzählt,
wer weiß, was sich da noch entwickelt, unter den Hirten.
Der Hüteknabe erzählt es später seinen Enkeln,
und die Enkel ihren Enkelinnen und Enkeln,
und wird erzählt bis zum heutigen Tag:

dass einmal der Himmel aufreißen kann
und man sich wunderbar getröstet fühlt,
und wenn man ganz genau hinschaut,
ganz genau,
sieht man ein bisschen Glanz in einem anderen Gesicht.

■ Psalm und Lieder

Ps 19.1 (EG 708.I)
EG 15, Tröstet, tröstet spricht der Herr
EG 16/GL 111, Die Nacht ist vorgedrungen
EG 30/GL 133, Es ist ein Ros entsprungen

5. Die unscheinbare Offenbarung

Lukas 2, 51–52

Urte Bejick

▓ Text

Dann kehrte Jesus mit ihnen nach Nazaret zurück und war ihnen gehorsam. Seine Mutter bewahrte alles, was geschehen war, in ihrem Herzen. Jesus wuchs heran und seine Weisheit nahm zu und er fand Gefallen bei Gott und den Menschen.

▓ Impuls

Der Mensch

Empfangen und genähret
Vom Weibe wunderbar
Kömmt er und sieht und höret
Und nimmt des Trugs nicht wahr,
Gelüstet und begehret
Und bringt sein Tränlein dar,
Verachtet und verehret,
Hat Freude und Gefahr,
Glaubt, zweifelt, wähnt und lehret,
Hält nichts und alles wahr,
Erbauet und zerstöret
Und quält sich immerdar,
Schläft, wachet, wächst und zehret
Trägt braun und graues Haar.
Und alles dieses währet,
Wenn's hoch kommt, achtzig Jahr.
Dann legt er sich zu seinen Vätern nieder,
Und er kömmt nimmer wieder.

Matthias Claudius

I. Durch das Kirchenjahr

Kurzauslegung

Das Kirchenjahr hat schon eine merkwürdige Zeitrechnung: Eben war noch Weihnachten. Am 6. Januar feiern wir das Epiphaniasfest oder »Drei Könige«. Es führt noch einmal zurück an die Krippe, zu dem kleinen Kind und erinnert gleichzeitig an die Taufe Jesu als erwachsener Mann. Das Erwachsenenalter folgt gleich auf die Kindheit.

Jesus war Anfang 30, als er zu predigen anfing. Was davor war, wissen wir nicht. Zwanzig unbekannte Jahre. Und die Bibel ist sehr diskret. Lebte Jesus in diesem oder im vorigen Jahrhundert, hätten die Medien schon nach ihm geforscht, Nachbarn und Lehrer befragt, nach Kinderzeichnungen und Schulheften gefahndet. Aber die Bibel schweigt und lässt ihm sein Geheimnis. Jesu Wirken dauerte vielleicht drei Jahre, 20 waren mit Alltag und Arbeit gefüllt, über die es nichts Nennenswertes zu berichten gibt. Das kennen wir doch auch: Gerade langweilte man sich als Jugendlicher noch zu Tode, und plötzlich ist die Zeit herum, man weiß gar nicht, wie die Jahre vergangen sind. Soll das schon alles gewesen sein? Arbeiten, auf den Bus warten, Zeitung lesen, schlafen, sich verlieben, sich trennen? Viele Menschen, gerade in der Lebensmitte, wollen heute dem Banalen entfliehen und machen sich auf Pilgerreisen. Vor fast 200 Jahren bereiste der französische Ordensgründer Charles de Foucauld das heilige Land. Mehr als Bethlehem und Jerusalem beeindruckte ihn Nazareth. Denn entscheidender noch als Predigten und Wundertaten Jesu erschien ihm die Tatsache, dass der Erlöser 20 Jahre unbekannt und unauffällig als Kind, Jugendlicher und schließlich schlichter Handwerker gelebt habe. Das, genau das, war für Foucauld das Wunderbare und Besondere an Jesus, dass er unseren ganz gewöhnlichen Alltag geteilt hat. Deshalb müssen Pilgerreisen auch nicht immer in die Ferne führen. Der »schwäbische« Jakobsweg, zum Beispiel, nimmt in Konstanz vom Münster aus seinen Anfang. Auf diesem Weg liegt eine kleine Kapelle, die in ihrer Architektur das Haus der Eltern Jesu in Nazareth abbilden soll. Das ist ihre Legende:

In der Zeit der Kreuzzüge packten die Engel das Elternhaus Jesu in Nazareth und trugen es nach Kroatien, später nach Italien. Dort erging es dem steinernen Asylanten ähnlich wie heutigen Flüchtlingen: Die Aufnahme war unfreundlich bis ausbeuterisch. Doch dann fand das Haus in einem Lorbeerhain, Laurentium oder Loretto genannt, einen Zufluchtsort und die »Casa Santa« wurde zum Wallfahrtsziel. Nicht für alle. Immer gab es Menschen, die sich eine Pilgerfahrt nach Santiago oder Loretto nicht leisten konnten, die einfach den Strapazen des

Weges nicht gewachsen waren, die schlichtweg nicht wegkonnten oder wollten. Warum also nicht das heilige Haus in heimischen Gefilden nachbauen? So entstand auch die Konstanzer Loretto-Kapelle. Sie liegt auf einem kleinen Hügel mit Blick auf den Bodensee, der das Mittelmeer ersetzen soll. So ersparten sich manche Büßer und Pilger den beschwerlichen Weg über die Alpen.

Aber der Nachbau eines Heiligtums in nächster Nähe zu den Siedlungen der Weinbauern, Fischer, Waldarbeiter, Kaufleute und Bauern ist nicht nur Ausdruck einer Wandermüdigkeit, sondern sagt mehr: das Heilige nähert sich dem Alltäglichen auf Steinwurfnähe, es liegt exponiert auf einem Hügel, aber auch »gleich nebenan«. Das Haus Jesu – es liegt neben dem Supermarkt, den Hotels, dem Spielplatz. Es ist da, wo gearbeitet, gefeiert, gelacht und geweint wird. Dass das »Andere« nicht allein in Santiago, Rom oder Wittenberg weilt, sondern vor der eigenen Haustür, ist eine mystische Erkenntnis. Martin Buber erzählt die Geschichte vom armen Juden Eisik aus Krakau, dem im Traum offenbart wurde, dass unter einer Prager Brücke ein Schatz vergraben liege. Er macht sich auf, beobachtet die Brücke und beginnt im Schutz der Dunkelheit zu graben, immer in Hut vor dem Brückenwächter, der ihn schließlich doch erwischt. Doch der Wachtmann ist gutmütig und hat für den Träumer nur ein Schmunzeln übrig: »Ja, wer den Träumen traut! Da hätte ich mich ja auch auf die Beine machen müssen, als es mir einmal im Traum befahl, nach Krakau zu wandern und in der Stube eines Juden, Eisik Sohn Jekels soll er heißen, unterm Ofen nach einem Schatz zu graben.« Eisik kehrt daraufhin nach Krakau zurück, gräbt die gute Stube auf und findet den Schatz. Martin Buber erläutert den Sinn dieser kleinen Geschichte, wie ihn der Chassid Rabbi Bunam gedeutet hat: »Es gibt etwas, was man an einem einzigen Ort in der Welt finden kann. Es ist ein großer Schatz, man kann ihn Erfüllung des Daseins nennen. Und der Ort, an dem dieser Schatz zu finden ist, ist der Ort, wo man steht. ... Dennoch fühlen wir den Mangel (an Erfüllung) immerzu, in irgendeinem Maße bemühen wir uns, irgendwo das zu finden, was uns fehlt. Irgendwo in irgendeinem Bezirk der Welt oder des Geistes, nur nicht da, wo wir stehen, da, wo wir hingestellt worden sind – gerade da und nirgendwo anders aber ist der Schatz zu finden. Die Umwelt, die ich als die natürliche empfinde, die Situation, die mir schicksalhaft zugeteilt ist, was mir Tag um Tag begegnet, was mich Tag um Tag anfordert, hier ist meine wesentliche Aufgabe und die Erfüllung des Daseins, die mir offen steht.«[3]

---

[3]   Vgl. Martin Buber, Der Weg des Menschen nach der chassidischen Lehre. Gütersloh 2001, S. 50 ff.

Erfüllung im Alltag? Aber der Alltag ist ja immer auch das Langweilige! Und die Loretto-Kapelle hat eine langweilige, schlichte Form: ein rechteckiger Kasten, der gerade mal durch eine kleine Eingangstür und ein winziges Fensterchen erleuchtet wird. Mehr Luxus gestand man der heiligen Familie nicht zu, nicht gerade optimale Bedingungen, unter denen Jesus und seine Geschwister aufgewachsen sind. Aber gerade das einfache Wohnhaus – als Ort des Schlafens, Essens, Arbeitens, Liebens und Sterbens hat eine besondere Bedeutung. Und wenn es der Casa Santa gefällt, steht sie auch unter Einfamilienhäusern, in Nachbarschaft zu Sparkasse und Supermarkt. Da soll Gott wohnen? Ja, »Gott wohnt, wo man ihn einlässt.« Und diesen Schatz müssen wir nicht anderswo in einem vermeintlich glücklicheren, aufregenderen Leben suchen, sondern eben da, wo wir stehen, mitten im Alltag.

▨ Info

Die vier kanonischen Evangelien berichten nur spärlich über die Kindheit Jesu. Im 2. Jh. n. Chr. wurden daher in einem Thomas zugeschriebenen »Kindheitsevangelium« phantastische Geschichten über den kleinen Jesus gesammelt. Die anrührende Geschichte, wie Jesus Tonspatzen formt und zum Leben erweckt ist von Selma Lagerlöf bearbeitet worden. Dieses Vogelwunder ist auch im Koran überliefert (Sure 5, 111).
Das Kindheitsevangelium in: Klaus Berger/ Christiane Nord, Hrsg.,
Das Neue Testament und frühchristliche Schriften. Ffm. 1999, S. 1294–1304; Koranzitat, S. 1158.
Selma Lagerlöf, Christuslegenden. München 2002.

▨ Psalmen und Lieder

Ps 121 (EG 765)
EG 41/GL 144, Jauchzet, ihr Himmel
EG 58, So lasst uns gehn und treten
EG 64/GL 157, Der Du die Zeit in Händen hast

6. Kein Wunder

Johannes 5,1–15

Urte Bejick

▇ Text

Einige Zeit später war ein Fest der Juden und Jesus ging hinauf nach Jerusalem.
In Jerusalem gibt es beim Schaftor einen Teich, zu dem fünf Säulenhallen gehören; dieser Teich heißt auf Hebräisch Betesda. In diesen Hallen lagen viele Kranke, darunter Blinde, Lahme und Verkrüppelte.
Dort lag auch ein Mann, der schon achtunddreißig Jahre krank war.
Als Jesus ihn dort liegen sah und erkannte, dass er schon lange krank war, fragte er ihn: Willst du gesund werden? Der Kranke antwortete ihm: Herr, ich habe keinen Menschen, der mich, sobald das Wasser aufwallt, in den Teich trägt. Während ich mich hinschleppe, steigt schon ein anderer vor mir hinein. Da sagte Jesus zu ihm: Steh auf, nimm deine Bahre und geh! Sofort wurde der Mann gesund, nahm seine Bahre und ging. Dieser Tag war aber ein Sabbat.
Da sagten die Juden zu dem Geheilten: Es ist Sabbat, du darfst deine Bahre nicht tragen. Er erwiderte: Der Mann, der mich gesund gemacht hat, sagte zu mir: Nimm deine Bahre und geh! Sie fragten ihn: Wer ist das denn, der zu dir gesagt hat: Nimm deine Bahre und geh?
Der Geheilte wusste aber nicht, wer es war. Jesus war nämlich weggegangen, weil sich dort eine große Menschenmenge angesammelt hatte. Später traf ihn Jesus im Tempel und sagte zu ihm: Jetzt bist du gesund; sündige nicht mehr, damit dir nicht noch Schlimmeres zustößt. Der Mann ging fort und teilte den Juden mit, dass es Jesus war, der ihn gesund gemacht hatte.

▇ Meditation

Ein Mann ist 38 Jahre krank.
Er benennt seine Krankheit: »Ich habe keinen Menschen.«
Dabei lebt er seit 38 Jahren am Ort der Gnade,
»Betesda« heißt »Haus der Barmherzigkeit«.

Aber die Gnade ist knapp bemessen:
Ab und zu, vielleicht, schwebt ein Engel herab und berührt das Wasser.
Eine Fingerspitze Barmherzigkeit!

Allein ist der Kranke jedenfalls nicht.
Um ihn drängen sich andere kranke, blinde, lahme, arme Menschen, dicht an dicht. Sie sehen sich nicht, denn sie blicken auf den Teich.

Unser Mann träumt seit Jahren davon, gesund zu werden.
Er möchte dann einen kleinen Obstladen eröffnen.
In seiner Phantasie malt er sich aus, wie das sein wird:
welches Obst er ins Sortiment aufnehmen wird, wo er es ankauft,
wer ihm das liefert, wie die anliefernden Männer aussehen,
welche Kleidung sie tragen, woher sie kommen, was sie erzählen.
Dann muss man genau die schwankenden Obstpreise kennen und kalkulieren.
»Stell dir vor, ich würde tiefrote Granatäpfel in ein Bett grüner Trauben setzen,
oder soll ich die Granatäpfel neben roten Tomaten und Apfelsinen stapeln?«
So redet er mit seinem kranken Nachbarn.
»Halt's Maul«, sagt der. »Ich muss auf den Teich gucken. Du erzählst das nur, um mich abzulenken.«
Manchmal, nachts, hält es unser Mann trotz schlechter Erfahrungen vor Einsamkeit nicht aus.
Wieder wendet er sich an seine Nachbarn:
»Wie einsam und still es hier ist. Kannst du auch nicht schlafen? Ich stelle mir gerade vor, wie ein Händler Affenbrotbaumfrüchte bringt. Glaubst du, andere Obstläden führen Affenbrotbaumfrüchte? Der Händler kommt mit zwei Maultieren von sehr weit her. Er ist schwarz und trägt leuchtende goldene Ohrringe …«
»Bist du endlich still!«, murrt der Nachbar. »Goldene Ohrringe! Affenbrotbaumfrüchte. Gibt es so was überhaupt? Das Brot, das die uns heute verteilt haben, war wieder drei Tage alt. Aber der Herr will Affenbrotbaumfrüchte! Lass uns mit deinem Geschwätz in Ruhe.«

So lernt unser Mann zu schweigen.
Er träumt allein von seinem Laden, auch wenn die Farben etwas blasser werden.
Den Laden kann er unmöglich allein betreiben.
Er sieht eine Frau vor sich, wie sie das Obst anordnet.

»Meine Frau trägt einen schönen blauen Rock aus bester Wolle ...«, sinniert der Mann.

Auf das Stichwort »Frau« hin heben einige der neben ihm Liegenden den Kopf.

»Los, erzähl!«

»Das Wasser bewegt sich!«

Ein Fußtritt trifft unseren Mann, seine Nachbarn erheben sich, so gut sie können, halten die Schnelleren zurück, stoßen Langsamere mit dem Ellenbogen nach hinten.

Fern in der flimmernden Hitze tanzt eine Frau in Lumpen.

»Unfassbar, ein Weib ist zuerst in den Teich gestiegen!« keift der Bettnachbar.

»Das alles nur, weil du uns mit deiner blöden Geschichte eine Sekunde abgelenkt hast. Da könnte ich jetzt tanzen!« Empört stimmen ihm die anderen zu. »Lass uns mit deinem Geschwätz in Ruhe!«

Der Mann schweigt seitdem und träumt für sich. Langsam nähert sich der Traum seinem Höhepunkt:

er sieht, wie die Frau im Laden die Kasse zählt,

aber er würde abends vor der Tür sitzen und Wein trinken.

Und dann, ja dann käme sein Freund zu ihm.

Einen Freund zu haben, mit dem er reden könnte!

An diesen Teil des Traums denkt er nicht allzu oft,

er muss ihn aufsparen,

darf ihn nicht zu sehr strapazieren,

darf ihn nicht der Alltäglichkeit ausliefern.

Jemand zum Reden zu haben!

Auch seinen Bettnachbarn fällt mit der Zeit das schweigende Warten schwer.

Jeden Abend schildern sie sich Krankheiten.

Besonders tut sich sein direkter Nachbar hervor:

Er erzählt jeden zweiten Abend, wie er schon ganz nah am Teichrand war,

Sekundenbruchteile von der Heilung entfernt,

dann hatte ausgerechnet eine Frau ihn überholt.

»Daran ist nur der Dummschwätzer hier neben mir schuld!«, schließt er regelmäßig seinen Bericht und die anderen nicken.

Der Mann kann nicht mitreden.

Er widmet sich seinen Träumen.

Einmal kann er sich die Granatäpfel nicht mehr vorstellen,
dann bekommt er die glänzende, zum Platzen gespannte Haut der Tomaten nicht so recht hin.
Die Frau ist schon lange verschwunden.
Vor Einsamkeit frierend rückt er eines Abends näher an seine Nachbarn heran.
»Also, ich hätte, wenn ich noch irgendwie laufen könnte, diese Frau am Bein gepackt und sie nach hinten gerissen. Ich wäre vor der im Teich gewesen, das könnt ihr mir glauben. Ist überhaupt ein Skandal, dass die hier auch Frauen unterbringen!«, mischt er sich ins Gespräch. Die Nachbarn hören auf einmal interessiert zu. »Erzähl noch mal, wie du's gemacht hättest!«

Hin und wieder bewegt sich der Teich,
der Mann und seine Nachbarn schaffen es nicht, hineinzusteigen.
Abends unterhalten sie sich darüber,
wie ungerecht die letzte Heilung gewesen sei.
Der Lahme von schräg gegenüber hatte das nun wirklich nicht verdient,
und der Blinde neulich – na, so ein körperlich starker Kerl kann auch betteln,
Körbe flechten oder sonst was.
Allmählich werden auch diese Gespräche langweilig.
Man schweigt wieder länger.
Die Granatäpfel der Phantasie verfaulen.
Die Frau ist gegangen.
Zuletzt verblasst der Freund.

Eine Dunstglocke aus Schweigen, Einsamkeit und hoffnungslosem Warten.

Eines Tages fällt ein Schatten auf unseren Mann.
Da steht ein anderer Mensch.
Was will der hier, der soll abhauen.
Der Mensch sieht ihn an – in seinen Augen glänzen Granatäpfel.
Irgendeine Erinnerung brandet auf.
»Was fehlt dir?«, fragt der fremde Mensch.
Der Mann will auf sein zertrümmertes Becken hinweisen,
da zuckt von fern eine schemenhafte Gestalt auf, ein Mann,
ein Freund, der mit ihm vor der Tür seines kleinen Ladens sitzt.
»Herr, ich habe keinen Menschen!«,
entfährt es ihm.

Ein mörderischer Schmerz durchfährt ihn.
Es regnet Granatäpfel und Trauben.
Mein Gott, er kann wieder fühlen!
Behutsam erhebt er sich, er kann laufen.
»Nimm dein Bett und geh!«,
hat der Fremde gesagt.
Jetzt ist er verschwunden.

Hastig steht unser Mann auf.
Nichts wie weg hier.
Den verblüfften Gefährten nickt er kurz zu.
»Bring uns Äpfel aus deinem Laden mit!«, rufen sie.
Er winkt mit der Hand.
Er weiß, heute Nacht werden sie über ihn lästern,
dass ausgerechnet er die Heilung nicht verdient habe.
Er weiß auch, dass er zwar an sie denken wird,
aber kein Obst bringen.
Dann wird er den Ort der Ungnade vergessen.

Die Polizei fasst ihn:
ob er nicht wisse, dass man am Sabbat keine Lasten tragen dürfe.
Woher soll er das wissen,
der jahrelang unter einer Glocke aus Einsamkeit vegetierte.
Aber mit der Obrigkeit muss man sich gut stellen,
wenn er im wirklichen Leben überleben will, das weiß er,
muss man sich mit der Obrigkeit gut stellen.
Man muss zuvorkommend sein zu den Leuten, dann mögen sie einen.
»Das hat der Fremde zu mir gesagt – dass ich das Bett tragen soll«,
beeilt er sich zu versichern.
»Der Fremde?«
»Ja, ich weiß seinen Namen nicht.«

Nochmal davon gekommen.
Das hat er geschickt gemacht!
Er wird überleben, er wird es zu etwas bringen.
Die Menschen werden Achtung vor ihm haben.
In Gedanken vertieft, stößt er mit jemandem zusammen.

Es ist der Fremde, der ihn mitleidig anschaut.

Er nennt seinen Namen. Sagt irgendwas von nicht mehr sündigen.

In den Gedanken des Mannes klirrt ein Weinglas.

Jetzt nicht sentimental werden.

Das waren Träume eines Kranken.

Aber er weiß doch, dass man niemand vertrauen kann.

Der Fremde hat an die Glocke seiner Einsamkeit geklopft.

Aber der Mann kennt nur sie, nur die Sicherheit dieser Glocke.

Nur sie kann ihn schützen.

Jetzt, jetzt, kann er sich bewähren in der Wirklichkeit.

Da ist der Polizist von vorhin:

»Ich kenne den Namen des Mannes, der mich zum Gesetzesbruch aufgefordert
hat«, gibt unser Mann zu Protokoll

und verrät den einzigen Freund, den er je hatte.

Aber man muss sich gut stellen mit den Leuten,

dann respektieren sie einen!

Dem Geheilten geht es gut.

Seitdem er seine Träume aufgegeben hat, verwirklichen sie sich wie von selbst.

Er kann arbeiten, er kann schuften,

und schon kann er sich einen Marktstand leisten.

Dann hat er eine Frau, die etwas Geld mitbringt.

Da ist der Obstladen.

Da sind die Granatäpfel, Pflaumen, Pfirsiche, Trauben,

da kommen die Händler und Bauern.

Die Frau kann sich einen schönen blauen Rock leisten und einen roten.

Aber sie leidet unter der Glocke von Einsamkeit, die über dem Mann schwebt,

täglich und nächtlich sind sie beisammen, aber doch jedes allein.

Die Frau friert nachts trotz der wollenen Decken.

Sicher, der Mann ist nicht schlecht.

Gerne gibt er Obst, das übrig ist,

großzügig an Bettler.

»Ich war früher einer von ihnen, sogar noch schlimmer dran«,

aber dann will er nichts weiter erzählen,

wie es in den Hallen war, wie er geheilt wurde,

darüber schweigt er und sein Mund wird schmal.

»Hast du denn keine Träume?«,

fragt sie ihn einmal nachts im Bett.

Der Mann lacht verächtlich.

»Ich träume nicht, ich handle! Was ich habe, verdanke ich zwei gesunden Händen!«, schließt er das Gespräch ab.

Doch die Frau fühlt: der ist nicht geheilt.

Der Laden geht gut,

er ist im Stadtviertel bekannt.

Abends kann es sich der Mann leisten,

mit einem Glas Wein vor der Tür zu sitzen.

Niemand kommt.

Er sitzt in der blauen Stunde allein, bis der Mond aufgeht.

Eines Tages ist es laut und unruhig in der Stadt.

Die Römer richten Aufständische hin.

»Wir schließen heute besser den Laden«,

sagt der Mann zur Frau.

Zu spät, ein römischer Soldat tritt ein.

»Habt ihr hier auch Trink-Essig? Die Hitze ist ja unerträglich«, fragt er und hält ihnen zwei Krüge entgegen.

»Wir haben hier feinsten Trink-Essig von Libanontrauben!«, schmeichelt der Mann – mit der Obrigkeit muss man sich gut stellen.

»Oder noch besser: Dieser Essig ist direkt aus Rom importiert. Ein edler Trank für den Herrn Hauptmann.«

Der Soldat winkt ab:

»Ganz normalen Essig. Den billigen, wie die Bauern und Soldaten ihn trinken. Drei Hinrichtungen haben wir heute. Wenn die Leute ans Kreuz gehängt werden, das dauert. Wenn es auch Verbrecher sind, aber das Trinken darf man ihnen doch nicht verweigern. Einer von denen soll sogar ein Wundertäter sein – was es nicht alles gibt.«

Irgendeine Erinnerung klopft an die Glocke aus Einsamkeit, die über den Mann gestülpt ist.

Ein Schatten eines Menschen taucht vor seinem Auge auf.

Einen Freund haben, nicht mehr sündigen, heil sein.

»Du kannst ihn umsonst haben.« Er füllt die Krüge des Soldaten.

Erstaunt sieht die Frau ihren Mann an,

sie sieht etwas, was sie nicht kennt,

und meint auf einmal, ihn dennoch wirklich zu erkennen,

sie sieht Granatäpfel im Auge des Mannes leuchten.

Ihr wird warm.

Schnell greift sie drei Pfirsiche. Sie will hinter dem Soldaten hereilen.

»Wenn die Männer ihr Kreuz tragen müssen, das ist doch sicher schwer, vielleicht könnten sie sich zwischendurch etwas stärken.«

»Bist du verrückt, Weib! Was soll der Soldat von uns denken. Man muss sich gut stellen mit der Obrigkeit. Wer weiß, was das für Männer sind. Was geht das uns an! Mir hat damals auch keiner geholfen!«

Er schließt energisch den Laden. Besser, man mischt sich nicht ein.

Eine Woche später wird die Frau davonlaufen,

einfach so,

sich einer verrückten Sekte anschließen, die an einen Wunderrabbi glaubt.

Der Mann sitzt mit einem Glas Wein vor der Tür seines Ladens.

Er hat einen zweiten Stuhl aufgestellt.

Niemand kommt.

Muss die Geschichte so enden?

Vielleicht geschehen manche Wunder ja zweimal.

Vielleicht sieht unser Mann eines Abends einen Bettler, der um den Laden schleicht.

Er sucht Obstreste.

Der Mann will ihn schon verjagen,

dann lädt er ihn an seinen Tisch ein.

Dankbar greift der Bettler nach dem Weinglas.

»Wenn du mir Wein gibst, habe ich auch etwas zu geben, das Kostbarste, was ich besitze.«

Er holt ein Brot aus seinem schmutzigen Beutel.

Der Mann sieht die knotigen Finger des Bettlers und ekelt sich ein wenig, aber er will den Augenblick nicht stören.

Der Bettler spricht den Segen und bricht das Brot in zwei Teile.

Dem Mann wird warm.

Aus irgendeiner Tiefe steigt eine Erinnerung auf,

an einen Blick mit Granatäpfeln darin,

und er fühlt so etwas wie Heilsein.
Er wiegt seine Brothälfte in der Hand,
da ist der Bettler verschwunden.
Was war das?
Schon wieder einer dieser Träume, die er seit Jahren aufgegeben hat?
Eine Täuschung?
Aber irgendetwas ist geschehen.
Er kann die Nachtluft riechen. Die Luft ist angenehm frisch.
Die Glocke hat sich gehoben.

Aber vielleicht geschehen Wunder ja auch nur einmal.
Vielleicht kommt niemand.
Dann müssen wir, du und ich, uns zu dem einsamen Mann an den Tisch setzen.
Vielleicht wird er uns beschimpfen,
sagen, wir sollen weggehen,
oder einfach nur schweigen.

Wir müssen auch nicht zu ihm gehen,
wir können auch sitzen bleiben,
jeder an seinem Tisch, bei seinem Wein, unter seiner Glocke der Einsamkeit.

▊ Info

Mit den »Juden« meint das Johannesevangelium in der Regel die religiös führenden Kreise, es ist keine konfessionelle oder ethnische Bezeichnung.
Der Geschichte von Heilung und Verrat entspricht als Gegenbeispiel die Geschichte von der Heilung eines Blindgeborenen (Joh 9). Auch dieser Geheilte
wird am Sabbat von den religiös Führenden gestellt, verteidigt aber Jesus als
Wundertäter und Propheten.

▊ Psalm und Lieder

Ps 22.1 (EG709.I)
EG 75/GL 499, Ehre sei dir Christe
EG 97, Holz auf Jesu Schulter

7. Die Salbung in Betanien

Johannes 12,1–8

Urte Bejick

■ Text

Sechs Tage vor dem Paschafest kam Jesus nach Betanien, wo Lazarus war, den er von den Toten auferweckt hatte. Dort bereiteten sie ihm ein Mahl; Marta bediente und Lazarus war unter denen, die mit Jesus bei Tisch waren. Da nahm Maria ein Pfund echtes, kostbares Nardenöl, salbte Jesus die Füße und trocknete sie mit ihrem Haar. Das Haus wurde vom Duft des Öls erfüllt.

Doch einer von seinen Jüngern, Judas Iskariot, der ihn später verriet, sagte: Warum hat man dieses Öl nicht für dreihundert Denare verkauft und den Erlös den Armen gegeben? Das sagte er aber nicht, weil er ein Herz für die Armen gehabt hätte, sondern weil er ein Dieb war; er hatte nämlich die Kasse und veruntreute die Einkünfte. Jesus erwiderte: Lass sie, damit sie es für den Tag meines Begräbnisses tue. Die Armen habt ihr immer bei euch, mich aber habt ihr nicht immer bei euch.

■ Impuls

Wirf deine Angst
in die Luft

Bald
ist deine Zeit um
bald
wächst der Himmel
unter dem Gras
fallen deine Träume
ins Nirgends

Noch
duftet die Nelke
singt die Drossel
noch darfst du lieben

Worte verschenken
noch bist du da

Sei was du bist
Gib was du hast.

Rose Ausländer[4]

■ Kurzauslegung

Liebe Kolleginnen und Kollegen / Liebe Gemeinde!
Erinnern Sie sich noch, wie es Ihnen erging, was Sie gemacht haben, wenn in wenigen Tagen eine schwierige Klassenarbeit anstand oder eine unangenehme Begegnung, gar ein Krankenhausaufenthalt? Manche Menschen malen sich in allen Einzelheiten das Schrecklichste aus, sie können an nichts anderes mehr denken, die letzten Tage und Stunden stehen ganz unter dem Eindruck des Kommenden. Andere lenken sich ab, möchten noch möglichst viel und Großartiges erleben. Wie dankbar sind wir in solchen Situationen für ein bisschen Normalität, für ein kurzes Innehalten und Aufatmenkönnen. Wir spüren: noch ist das Befürchtete nicht eingetreten, noch sind wir da, noch haben wir eine Frist.

In der Karwoche leben wir gedanklich die letzten Lebenstage Jesu mit.
Wir feiern den Palmsonntag, den Tag, an dem Jesus in Jerusalem einzog, um dort zu sterben. Noch geht es fröhlich zu, die Menschen jubeln. Noch grünen die Palmen. Ihre Wedel dienen der Lebensfreude, ihr Stamm ist noch nicht zum Hinrichtungsinstrument verarbeitet. Der Palmsonntag ist für mich immer eine Unterbrechung der Fastenzeit gewesen – bald kommt das Ende, aber kurz vorher kann man noch einmal aufatmen.

---

4   Rose Ausländer, Noch bist du da. Aus: Dies., Ich höre das Herz des Oleanders. Gedichte 1977–1979. © S. Fischer Verlag GmbH, Frankfurt am Main 1984.

Was tut Jesus zwei Tage, bevor er völlig einsam weint, bevor er verraten wird, bevor er leidet und stirbt? Er tut das Nächstliegende, Alltägliche: er kehrt bei einem Freund ein und isst und trinkt. Ein kleines Stück Normalität vor dem drohenden Chaos, Gemeinschaft vor der großen Einsamkeit, die kleine Lebensfreude in Wein und Brot, das Aufatmen, bevor einem die Luft genommen wird. Jesus setzt dem drohenden Tod das Leben entgegen, das alltägliche Leben. Aber das ist kein »So tun als ob«, kein Wall der Routine, der gegen die Angst errichtet wird, kein Wegsehen. Denn diese letzten Stunden werden dadurch hervorgehoben, dass ein Mensch in ihnen etwas völlig Unnützes tut.

Eine Frau dringt zu der Tischrunde vor und salbt Jesus mit kostbarer, teurer Salbe. Jemandes Kopf salben – das war zur Zeit der Bibel eine besondere Art der Verehrung, die Königen und Priestern zugute kam. Aber hier lässt eine Frau, die wahrscheinlich selbst nicht zu den Begüterten gehört, diese Ehre einem armen Wanderprediger zukommen. Und sofort meldet sich die Stimme der Vernunft: soviel Verschwendung ist unnötig, das Geld wäre als Spende besser angelegt!
Kennen Sie diese Stimme der Vernunft?
»Nein, dieses teure Parfum kaufe ich nicht für mich, lieber was zum Anziehen für die Kinder!« »Den Sozialhilfeempfängern in Deutschland geht es doch gut, wenn man ihre Lage mit der der Menschen in Afrika vergleicht.« »Aber nicht vertrinken, was zu essen kaufen«, sagen wir dem Bettler, wenn wir ihm einen Euro geben. »Wir brauchen nichts, wir haben ja alles«, lehnten meine Eltern sämtliche Vorschläge zu Weihnachts- und Geburtstagsgeschenken ab. Es stimmt, wir haben hier in Deutschland alles Überlebensnotwendige, aber das Notwendige wendet keine Not. Das scheinbar Überflüssige, leicht zu Übersehende, Flüchtige kann manchmal Not und Kummer aufhalten.
Wann haben Sie sich das letzte Mal über ein an und für sich unnötiges Geschenk gefreut? Eine zufällige Begegnung, einem kurzen Augen-Blick, eine kleine Verschnaufpause?
Im Hinterhof meiner Wohnung in der Südstadt gab es bis vor kurzem einen Kirschbaum, der jeden April blühte. Seine Früchte konnten aufgrund einer darunterliegenden Garage nicht abgeerntet werden und kamen zahllosen Vögeln zugute. Der Baum war zur Blüte- und Kirschenzeit eine einzige Freude – jetzt hat Vernunft ihn gefällt, weil die Kirschen das Garagedach verdreckten.
Oder ein poetischeres Beispiel: Der Dichter Rainer Maria Rilke ging, als er in Paris lebte, regelmäßig an einer Bettlerin vorbei. Eines Tages legte er ihr eine

vollerblühte Rose in ihr Schälchen. Die Frau war daraufhin eine Woche lang nicht an ihrem Stammplatz zu sehen, bis sie ihr Geschäft wieder aufnahm. »Wovon hat diese arme Frau bloß die ganze Woche gelebt?«, fragten sich die Passanten. »Vom Duft der Rose«.

Eine Wohnung ist wichtiger als ein Kirschbaum im Hof, das Geld in der Bettlerschale wichtiger als die Rose, eine Spende an Arme wichtiger als Duftöl für einen Todgeweihten – wäre da nicht die hässliche Lücke, die dem Hinterhof einen gewissen Gefängnischarakter gibt, das harte Metall des Bettlerschälchens, das das Leben auf blecherne Notwendigkeit reduziert, das betretene Essen und Trinken, das Alltagsroutine gegen Todesangst setzt.

Verschwenderische Kirschbäume, verschwenderische Rosen, verschwenderische Menschen: Jesus hebt ihr Beispiel lobend hervor. Die Handlung der Frau ist ihm so wichtig, dass er ihr bleibendes Andenken verspricht – ihre Geschichte ist in allen vier Evangelien überliefert.

Und Jesus deutet ihr Tun: Sie hat ihn zu seinem Begräbnis gesalbt. Das ist nun wirklich der Gipfel des Unnötigen: einen Lebenden wie einen bereits Toten salben. Eigentlich ist auch eine Totensalbung unnütz – der hat doch nichts davon. Und diese Argumente kennen Sie heute zur Genüge: »Alzheimerkranke brauchen keinen Besuch – die wissen sowieso nicht, wer man ist und kriegen nichts mehr mit.« »Menschen, die nach einem Schlaganfall gelähmt sind und sich nicht rehabilitieren lassen, brauchen auch keine Krankengymnastik mehr.« »Wir lassen Tante Emma anonym bestatten – Grab und Grabstein kosten ein Vermögen und wer soll später das Grab pflegen?« »Es ist völlig heuchlerisch, dass du deinem Vater jetzt jede Woche frische Blumen aufs Grab stellst. Hättest du die ihm doch im Leben gegeben!« Gerade am Lebensende scheint heute Leben nicht umso kostbarer zu werden, sondern auszufransen.

Es wird nicht umso kostbarer, je mehr es abnimmt, sondern gilt in seiner Beschränkung als nichts wert. Debatten um soziale Gerechtigkeit, um Jugend und Alter, um Gesundheit werden heute vorwiegend unter finanziellen Gesichtspunkten geführt. Das ist natürlich notwendig und vernünftig. Auch die Jünger haben von ihrem Meister gelernt und wissen: Geld sollte für die Armen da sein. Wie viele Bettler hätte man von den Kosten des Salböls speisen können! Zwei satte Tage, solide Schuhe, eine warme Decke – das wäre eine bleibende Hilfe gewesen, nicht der Augenblick eines flüchtigen Duftes. Aber ausgerechnet Jesus, der alle Menschen zum Verzicht zugunsten der Armen aufrief, nimmt sich selbst auf einmal wichtig: »Arme habt ihr allezeit bei euch.« Das klingt hart.

Jesus sagt: ich bin jetzt bedürftig und bin es wert, diese Zuwendung auszukosten. Hier wird die konkrete Tat an einem Menschen der abstrakten Zuwendung für andere vorangestellt.

Ein Augenblick des Herzens wird den bleibenden Werten der Vernunft vorgezogen! Aber vielleicht sind Augenblicke in unserem Leben prägender als der kontinuierliche Lauf der Zeit: ein freundlicher Blick, eine zärtliche Berührung, lärmende Vögel im Kirschbaum, eine Rose, ein Duft. Die flüchtige Tat der Frau – eine Unterbrechung eines unabwendlichen Schicksals, eine kurze Episode im Leben Jesu, eine Störung gar – sie wird hervorgehoben und zu einem leuchtenden Beispiel für alle Zeiten erhoben.

Vielleicht haben Sie ja schon einmal etwas Nebensächliches, Überflüssiges, Hilfloses getan und damit einem Menschen geholfen? Es werden gar keine Heldentaten, kein altruistischer Verzicht von uns verlangt, sondern gerade das Überflüssige. Jede und jeder von uns hat eine besondere, eigene Begabung und Aufgabe, das Gesicht eines Menschen leuchten zu machen:

Einem Jugendlichen ohne Hauptschulabschluss eine Lehrstelle geben,
ein fremdes Kind trösten,
abends ein Schälchen Milch für den Igel rausstellen,
mit einem alzheimerkranken Menschen die Zeit teilen, obwohl er im nächsten Augenblick vergessen hat, wer wir sind und dass wir da waren,
den Kirschbaum nicht abholzen, sondern für die Vögel stehen lassen,
einem Menschen ein Kompliment machen,
den Nachbarn fragen, wie es geht und ihm wirklich zuhören,
einem sterbenden Menschen beim Trinken seines Lieblingsgetränks behilflich sein,
auf ein verwildertes Grab eine Blume legen.

Überfluss treibt den Strom des Lebens vorwärts, Verschwendung macht reich, Augenblicke überdauern die Zeiten – das ist die Logik Gottes.
Wir können einander Salbende sein.

▓ Info

Die Geschichte von der Salbung Jesu ist in zwei Fassungen überliefert. In Joh 12 leitet die Salbung die eigentliche Passion ein; von Betanien aus wird Jesus direkt in Jerusalem einziehen. Nach Joh 12 wird Jesus von Maria, der Schwester der Marta gesalbt. Maria und Marta waren wohl zwei bekannte Frauen in der frühen Gemeinde; deshalb sind auch ihre Namen überliefert. Bei Joh stehen sie aber auch typologisch: Marta ist der zupackende, vernünftige Mensch, Maria der eher passive, hörende und das Überflüssige tuende.

In der Fassung Luk 7, 36–50 salbt eine namenlose Frau Jesu Füße, als er im Haus eines Pharisäers einkehrt. Die Geschichte steht nicht im Kontext der Passion, sondern soll – ähnlich der Geschichte vom barmherzigen Samariter – zeigen, dass »Sünder«, nicht die »Gerechten«, aus Liebe das Richtige tun. Die Charakterisierung der Frau als »Sünderin« hat in Kombination mit der Fassung Joh 12 zu der Tradition geführt, in der salbenden Frau die ehemalige »Sünderin« Maria Magdalena zu sehen.

■ Psalm und Lieder

EG 780 (»Philipperhymnus«)
EG 213, Kommt her, ihr seid geladen
EG 218, Schmücke dich, o liebe Seele

8. Und sie fürchteten sich ...
Markus 16,1–8

Johannes Stockmeier

■ **Text**

Als der Sabbat vorüber war, kauften Maria aus Magdala, Maria, die Mutter des Jakobus, und Salome wohlriechende Öle, um damit zum Grab zu gehen und Jesus zu salben. Am ersten Tag der Woche kamen sie in aller Frühe zum Grab, als eben die Sonne aufging. Sie sagten zueinander: Wer könnte uns den Stein vom Eingang des Grabes wegwälzen? Doch als sie hinblickten, sahen sie, dass der Stein schon weggewälzt war; er war sehr groß. Sie gingen in das Grab hinein und sahen auf der rechten Seite einen jungen Mann sitzen, der mit einem weißen Gewand bekleidet war; da erschraken sie sehr. Er aber sagte zu ihnen: Erschreckt nicht! Ihr sucht Jesus von Nazaret, den Gekreuzigten. Er ist auferstanden, er ist nicht hier. Siehe, da ist die Stelle, wo man ihn hingelegt hatte. Nun aber geht und sagt seinen Jüngern, vor allem Petrus: Er geht euch voraus nach Galiläa; dort werdet ihr ihn sehen, wie er es euch gesagt hat. Da verließen sie das Grab und flohen; denn Schrecken und Entsetzen hatte sie gepackt. Und sie sagten niemandem etwas davon; denn sie fürchteten sich.

■ **Impuls**

»Gibt es eine Auferstehung des Fleisches?«,
fragt Jochen per e-mail.
Ich gebe mir Mühe,
schreibe vom Loslassen der eigenen kleinen Person,
Vergeistigung,
Aufgehen im Einen.
Aber bleibt nicht der Wunsch des hungernden Magens,
nur ein einziges Mal gefüllt zu sein,
bleibt nicht die Sehnsucht der Haut nach der Haut,
und wie soll ich sein

ohne das Blickgewitter der Augen?
Draußen fährt eine Dampflok vorbei,
meine Nase beantwortet
alle Fragen.

Urte Bejick

▉ Kurzauslegung

Ostern!
Ein Grund zum Davonlaufen? Sicher nicht, eher zum seit Goethe obligatorischen Osterspaziergang, Ostermarsch, zum Gottesdienstbesuch oder gemütlichen Ausschlafen. Manche mögen auch schon ganz früh aufstehen, um eine Osternachtsfeier zu erleben – die festliche Begehung des Übergangs von der Grabesstille zum anbrechenden Licht der Auferstehung. So feierlich beschreibt das Markusevangelium – das älteste der vier Evangelien – den Ostermorgen allerdings nicht. Angesichts des leeren Grabes bricht kein Jubel aus, die zum Grab geeilten Frauen werden vielmehr von Schrecken erfasst und laufen davon. Furcht und Erschrecken – so endet dieses »Evangelium«, die »frohe Botschaft«. Feige waren die Frauen – Maria, Maria Magdalena und Salome – nicht: sie hielten bis zuletzt unter dem Kreuz aus, hatten es eilig, den Leichnam eines Hingerichteten zu pflegen und zu salben. Selbst der schwere Stein vor dem Grab machte ihnen zwar Sorgen, hielt sie aber keineswegs von ihrem Vorhaben ab. Nein, ängstlich sind die drei Frauen wirklich nicht – aber als alles anders kommt, eine böse Geschichte auf einmal gut endet, der Augenschein um 180 Grad gewendet wird und neues überirdisches Licht auf ihr Leben fällt – da reagieren sie mit panischer Angst.
Erschreckt uns Ostern? Nein, aber es wundert uns oder ärgert uns sogar. Immer neue wissenschaftliche und weniger wissenschaftliche Untersuchungen geben sich die größte Mühe, dem großen Angebot Gottes, seiner Lebenszusage an den im Leben gescheiterten Jesus den wider den menschlichen Verstand streitenden Stachel zu ziehen: »Das Grab war leer, das Grab war voll, das ist alles ein Mythos, man muss das in einem übertragenen Sinne verstehen ...« Hier soll keinem unkritischen Fundamentalismus das Wort geredet werden, aber vielleicht steckt hinter diesem wissenschaftlichen Unterfangen auch ein geheimer Schrecken: Das Erfüllte, das Gute, das wider alle böse Erfahrung doch ganz Andere macht

Angst! Denn auch mit Grabsteinen kann man sehr gut leben! Manche Menschen schleifen solche Steine über weite Strecken ihres Lebens mit sich herum: »Das war schon immer so, bei mir lief immer alles schief, ich bin halt nicht liebenswürdig.« – Solche Sätze sind lästig, aber auch verlässlich. Welcher Schrecken, welche Angst, wenn sich solch eine innere Lebensweisheit einmal nicht bewahrheitet, sie konterkariert wird. Welch ein Schreck, wenn man uns einmal den Spiegel vorhält und wir nicht, wie bang erwartet, hässlich oder graumäusig, sondern wirklich schön und leuchtend sind. Auch in Politik und Gesellschaft sorgen wir uns um schwere Steine, wiegen uns aber in wenn auch unbequemer Sicherheit, dass wir sie nicht wegrollen können. Frieden zwischen Israelis und Palästinensern ist möglich – wer wagt das noch zu sagen? Die bisherige Form der Rentenfinanzierung in Deutschland ist bald nicht mehr praktikabel – das gibt jeder zu – aber die Solidarität zwischen den Generationen ist solch ein hohes Gut, dass sich hier Mittel und Wege finden lassen werden – wer wagt das noch zu schreiben, sagen, denken, hoffen? Unsere Steine in Kirche und Diakonie heißen »kein Geld«, »kein Personal«, »Wirtschaftlichkeit diktiert alles auf Kosten der Menschlichkeit« – das sind Tatsachen, das ist richtig, aber allzu oft richten wir uns recht gemütlich im warmen Mief des Jammerns ein, anstatt Fenster aufzureißen, damit ein neuer, frischer Wind hineinweht. Wir haben viel mehr Angst, an unsere Möglichkeit zur Güte zu glauben als von unserer Mittelmäßigkeit überzeugt zu sein.

Aber Ostern heißt auch: Die Möglichkeit des ganz Anderen, die Rechtfertigung des Gescheiterten, die Auferstehung des Verschütteten ruht in allem wie Jesus im Grab, wie das Weizenkorn in der Erde, wie reifender Wein im Fass. Jede Zeitung, jede Nachrichtensendung bezeugen es: Unsere Welt ist von Terror und Schrecken erfüllt, unsere eigenen Leben von Angst vor Versagen, Arbeitslosigkeit, Krankheit, Einsamkeit und Alter. Aber seit Ostern haben wir die Zusage eines Schreckens, der den Schrecken erschreckt, eines Todes, der den Tod überwunden und getötet hat. Die Frauen haben schließlich ihre Angst überwunden und doch wieder zur Sprache gefunden. Das wünsche ich uns allen zu Ostern: die Atempause, die hilft, angesichts von Mutlosigkeit und Etablierung in der eigenen Trostlosigkeit frische Luft zu atmen, Dinge in neuem Licht zu sehen und ganz fest daran zu glauben, dass ein anderes, reicheres, friedlicheres Leben möglich ist.

■ Psalm und Lieder

Ps 103 (EG755.1)
EG 112: Auf auf mein Herz mit Freuden
EG 117: Der schöne Ostertag …

9. Ich glaube an die Auferstehung des Fleisches

Lukas 24, 36–43

Urte Bejick

▨ Text

Während sie noch darüber redeten, trat er selbst in ihre Mitte und sagte zu ihnen: Friede sei mit euch! Sie erschraken und hatten große Angst, denn sie meinten, einen Geist zu sehen. Da sagte er zu ihnen: Was seid ihr so bestürzt? Warum lasst ihr in eurem Herzen solche Zweifel aufkommen? Seht meine Hände und meine Füße an: Ich bin es selbst. Fasst mich doch an und begreift: Kein Geist hat Fleisch und Knochen, wie ihr es bei mir seht.
Bei diesen Worten zeigte er ihnen seine Hände und Füße. Sie staunten, konnten es aber vor Freude immer noch nicht glauben. Da sagte er zu ihnen: Habt ihr etwas zu essen hier? Sie gaben ihm ein Stück gebratenen Fisch; er nahm es und aß es vor ihren Augen.

▨ Impuls

Sotto voce
>   – als gält's
>   vor Kirchenräten
>   ein obszönes Geständnis zu machen –
gebe ich zu:
>   oft mag ich
>   das Wort von der
>   »Auferstehung des Fleisches«.
Ha! Wie verwirft
Freund I
seine Hände:
>   O Schnapsidee
>   verschrobener Mönche!

Dann eben,
nun gut:

> doch ließ
> mich die Schnapsidee
> nie mehr
> ganz los.

Und um so mehr
bedrängt mich
Freund II:

> Wie aber
> und wo denn?

O Mann,
wenn ich
nur wüßte:

> auch ich
> vermag mir
> nichts vorzustellen dabei.

Freund III
(ein Ireniker)
schlägt
Begriffserklärungen
vor:

> Sagen wir nobler doch
> »Auferstehung des Leibes«
> oder noch besser vielleicht
> »Auferstehung der Person«-

Da aber
und plötzlich
tauchen
vor meinem
Innenaug' auf:

> die Frauen,
> die Männer,
> die Kinder,
> blutig geschlagen
> zu Krüppeln geschossen,
> in Kerkern gefoltert

und
elend krepiert
oder
napalmverbrannt
oder strahlenverseucht:
zerfetztes,
gequältes,
betrogenes
Fleisch!

Und ich
frag' mich
und frage
die Freunde:

Verspricht »Auferstehung des Fleisches«
am Ende vielleicht
den heiligen Zorn des verratenen Schöpfers,
den Triumph des hingerichteten Sohnes,
die Sehnsucht der exilierten Geistin
nach einer Heimat endlich im Fleisch?

Kurt Marti[5]

▪ Kurzbetrachtung

Sotto voce
– als gält's
vor Kirchenräten
ein obszönes Geständnis zu machen –
gebe ich zu:
oft mag ich
das Wort von der Auferstehung des Fleisches.

Diesen Worten des Schweizer Pfarrers und Dichters Kurt Marti kann ich mich gern anschließen. Ansonsten fürchte ich mich wie die Jünger. Wie soll ich gegen die eigene Angst, das eigene Misstrauen und Zweifeln anschreiben? Eine Weg-

---

[5]   Kurt Marti: Ungrund Liebe. Klagen, Wünsche, Lieder. © 2011 by Radius-Verlag, Alexanderstr. 162, 70180 Stuttgart.

weisung geben, wo ich das Ziel in der Ferne nicht richtig erkenne? Andere wissen viel besser, wo's lang geht. Teilen in regelmäßigen Abständen Theologen immer wieder mit, dass das Grab Jesu nicht »leer« gewesen sein könne und befreien eine begeisterte Leserschaft so von dogmatischer Knebelung, Pfaffenherrschaft und Jenseitsvertröstung, um sie dem »Leben im Hier und Jetzt« auszuliefern. Nun wird dem »Fleisch« nicht nur mit Light-Produkten, sondern auch mit einer Theologie light zu Leibe gerückt. Vorbei die Zeiten, in denen der Mystiker Angelus Silesius in der strotzenden Barockzeit allen Posaunenchören fröhlich ins Album schrieb: »Trompeten hör ich gern: mein Leib soll aus der Erden/ durch ihren Schall erweckt und wieder meine werden.«

Liebe zur Blasmusik und Stolz auf den eigenen Körper: das Wort von der »Auferstehung des Fleisches« ist der Proletarier unter den vielen Worten, mit denen wir Auferstehung und ein Leben jenseits des Todes zu ertasten versuchen, seien es nun »Erhalt der Personalität«, »Wiedergeburt« oder »Einswerden mit allem«: selbst da, wo nichts mehr zu retten ist. Es bleibt hartnäckig festgekrallt an der Erde und will nichts verloren geben – nicht den Nachmittag am Meer und das Lied der Amsel, nicht den Geschmack eines reifen Pfirsichs, aber auch nicht die Erinnerung an harte Arbeit und Schmerzen, schon gar nicht die Küsse – die gegebenen und die bloß erträumten.

Das klingt unpassend, fast obszön, lächerlich, erschreckend. Deshalb wurde der Lümmel aus den meisten theologischen Lehrgebäuden hinausgeworfen und hat Hausverbot.
Aber jetzt treibt er sich auf der Straße herum und erschreckt gelegentlich dich und mich. Gerade in der diakonischen Arbeit können wir seinen lauten Forderungen immer wieder begegnen. »Mein Leib soll wieder meine werden« hatte Angelus Silesius gehofft. Wie oft begegnen wir Menschen, die trotz der modernen Versprechen, den Körper durch Sport, Schönheitsoperationen und Yoga in den Griff zu bekommen, darin jämmerlich versagen. Was ist mit einem Menschen geschehen, dass er im Laufe seines Lebens so viel Alkohol trinkt, bis sein Hirn weitgehend zerstört ist? In den Beratungsstellen begegnen uns die in ihren Liebeserwartungen enttäuschten Frauen und Homosexuelle, die immer noch nicht zuletzt auch unter der Haltung der Kirchen zu ihrer »Fleischlichkeit« zu leiden haben. Und wie schmerzen mich immer noch beim Waschen die ausgemergelten Körper ganz alter Frauen im Pflegeheim, besonders wenn ein Foto neben dem Bett hängt, das sie als erwartungsfrohe, hübsche Jugendliche zeigt.

Gar nicht zu denken an die gefolterten, zerstörten Körper in den Massengräbern der Diktaturen, an die zu Forschungszwecken eingefrorenen Embryonen. Angesichts dieses Leidens nutzen schöne Metaphern und logische Erklärungsversuche wenig, eher noch die hilflose Berührung und letzte Zärtlichkeit, wie sie die beiden Marien und Salome dem Leichnam Jesu erweisen wollen. Vielleicht ist gerade die »Leibsorge« der Diakonie, gerade da, wo sie ganz »weltlich« und »fleischlich« ist, auch ein Hinweis darauf, dass die Verheißung von der »Auferstehung des Fleisches« nicht durch rationale Erklärungsversuche und feingeistige Gedankengebäude abgetan werden kann. Sie klopft an die gutbürgerliche, gemütliche Glasglocke unseres Wohlbefindens im »Hier und Jetzt«. Sie ist keine naiv-niedliche Erwartung, keine Jenseitsvertröstung, sondern ein Stachel und eine Empörung gegen die Wirklichkeit. Sie ist ein Grund zu erschrecken und ein Grund zur Hoffnung über das Erschrecken hinaus: eine Hoffnung auf einen Gott, der uns nicht nur partiell in unseren »höheren« und geistigen Anteilen liebt, sondern inmitten der unerlösten und geknechteten Schöpfung ganz. Fast fürchte ich mich, dies zu schreiben, fällt es mir nach Aufklärung und historisch-kritischer Bibelexegese schwer, die heiteren Verse des Angelus Silesius nachzusprechen. Aber die Botschaft von der Auferstehung macht Mut zu fragen; nicht nach dem ob, wann oder wie, vielmehr mit den Worten von Kurt Marti:

Verspricht »Auferstehung des Fleisches«
am Ende vielleicht
den heiligen Zorn des verratenen Schöpfers,
den Triumph des hingerichteten Sohnes,
die Sehnsucht der exilierten Geistin
nach einer Heimat endlich im Fleisch?«[6]

▌ Info

Das neutestamentliche Griechisch kennt zwei Bezeichnungen für den Körper des Menschen: *Soma*, den Leib oder Organismus mit seinen Emotionen, Bestrebungen und sozialen Bezügen und *Sarx*, das »Fleisch«, also die bloße Körperlichkeit, der auch die laut stoischer Philosophie schädlichen »Triebe« zuge-

---

6   Kurt Marti: Ungrund Liebe. Klagen, Wünsche, Lieder. © 2011 by Radius-Verlag, Alexanderstr. 162, 70180 Stuttgart.

schrieben wurden – wir würden heute sagen, das »limbische System«. *Sarx* hatte schon immer etwas Anrüchiges. Luther schreibt in der Erläuterung zum Dritten Glaubensartikel: »Denn jetzt bleiben wir halb und halb rein und heilig, auf dass der Heilige Geist immer an uns arbeite durch das Wort und täglich Vergebung austeile bis in jenes Leben, da nicht mehr Vergebung sein wird, sondern ganz und gar reine und heilige Menschen, voller Frömmigkeit und Gerechtigkeit, befreit und ledig von Sünde, Tod und allem Unglück, in einem neuen, unsterblichen und verklärten Leib. (…) Dass hier aber steht *Auferstehung des Fleisches,* ist auch nicht gut deutsch geredet. Denn wo wir *Fleisch* hören, denken wir nicht weiter als an Fleischläden. Auf recht deutsch aber würden wir so reden: *Auferstehung des Leibes oder Leichnams,* doch liegt nicht sehr viel daran, so man nur die Worte recht versteht.«

Dennoch: im griechischen Original des apostolischen Glaubensbekenntnisses steht *sarkos anastasin* (Auferstehung des *Fleisches, der Sarx*) und laut Johannesevangelium wurde das Wort *Sarx* (Joh 1, 14).

▣ Psalm und Lieder

Ps 27 (EG 713)
EG 98, 3, Korn, das in die Erde
EG 99/GL 213, Christ ist erstanden
EG 110/GL 219, Die ganze Welt

10. Wer bin ich?

2 Korinther 5,1–5

Urte Bejick

▉ Text

Wir wissen: wenn unser irdisches Zelt abgebrochen wird, dann haben wir eine Wohnung von Gott, ein nicht von Menschenhand errichtetes ewiges Haus im Himmel.

Im gegenwärtigen Zustand seufzen wir und sehnen uns danach, mit dem himmlischen Haus bekleidet zu werden. So bekleidet, werden wir nicht nackt erscheinen. Solange wir nämlich in diesem Zelt leben, seufzen wir unter schwerem Druck, weil wir nicht entkleidet, sondern überkleidet werden möchten, damit so das Sterbliche vom Leben verschlungen werde. Gott aber, der uns gerade dazu fähig gemacht, er hat uns auch als ersten Anteil den Geist gegeben.

▉ Impuls

Vielleicht sind wir nichts als
Schalen
womit der Augenblick
geschöpft wird.

In einem alten Mann
der umfällt in Hamburg oder Manhattan
stirbt ein Schmetterling
die blauen Flügel öffnend – seit dreißig Jahren –,
in Angkor-Vath.

Vielleicht wird nichts verlangt
von uns während wir hier sind,
als ein Gesicht
leuchten zu machen

bis es durchsichtig wird.
Und das Leuchten dieses einen Gesichts
aufzubewahren
wie der alte Mann
den Glanz seines indischen Falters.
Bis wir hingelegt werden
und alles für immer
erinnern – oder vergessen.

Hilde Domin[7]

▨ Kurzauslegung

Andere Zeiten, andere Ängste.
Paulus fürchtet sich davor, nach dem Tod mit nackter Seele, ohne Bekleidung durch Haut und Knochen dazustehen.
Im Mittelalter diskutierten die scholastischen Theologen darüber, welche Gestalt, welches Lebensalter dieser neue Leib wohl hätte. In alle Ewigkeit schrumplig sein? Oder werden die Menschen wieder zu Kindern? Man einigte sich schließlich auf das 33. Lebensjahr, weil Jesus in seiner irdischen Gestalt so alt geworden sei.

Dies scheint uns alles fern, abstrakt, naiv vielleicht. Ich musste spontan an diese Verse denken, als ich wieder einmal in einem Pflegeheim, in einem geschützten Bereich für Menschen mit einer Demenz war. An allen Zimmertüren waren alte Fotos der Bewohnerinnen und Bewohner aus jüngeren Jahren angebracht. Besonders ein fescher junger Matrose hat mir gefallen. Ich habe den heute alten Mann nicht gesehen. Wie sieht er wohl aus: zusammengesunken, kahl, im Rollstuhl?
Die alten Fotos werden an die Türen geheftet, weil manche Menschen mit einer Demenz sich »heute« nicht mehr erkennen, aber auf früheren Bildern. Und vor allem gilt die Botschaft den Pflegekräften und Besucherinnen: sieh her, diese alte Frau war einmal diese schöne Tänzerin, der alte Mann ein Matrose! Aber wen sollen die Besucherinnen mehr achten: den »Matrosen« im jetzt hinfälligen

---

7   Hilde Domin, Indischer Falter. Aus: Dies., Gesammelte Gedichte. © S. Fischer Verlag GmbH, Frankfurt am Main 1987.

I. Durch das Kirchenjahr

alten Mann oder den hinfälligen Herrn, in dem versteckt ein Matrose lebt und noch andere Personen: das verängstigte Kind, der abenteuerlustige Jugendliche, der Soldat, der Vater, der Liebhaber, der Ehemann? Mich berührt es manchmal seltsam, ganz alte Jugendfotos der Eltern zu sehen – es gab eine Zeit, eine lange Zeit von 49 und 32 Jahren, in denen ich sie nicht kannte, wo sie mir unbekannt waren, einfach, weil ich noch nicht auf der Welt war.

Alte Menschen mit Demenz machen uns deshalb Angst, weil sie uns augenfällig die Frage stellen, wer wir sind.

Eine in manchen Anthologien zu findende Meditationsgeschichte lautet:

»Eine Frau lag im Koma. Plötzlich hatte sie das Gefühl, sie käme in den Himmel und stünde vor dem Richterstuhl.

»Wer bist du?« fragte eine Stimme.

»Ich bin die Frau des Bürgermeisters«, erwiderte sie.

»Ich habe nicht gefragt, wessen Ehefrau du bist, sondern wer du bist.«

»Ich bin die Mutter von vier Kindern.«

»Ich habe nicht gefragt, wessen Mutter du bist, sondern wer du bist.«

»Ich bin Lehrerin.«

»Ich habe nicht nach deinem Beruf gefragt, sondern wer du bist.«

Und so ging es weiter. Alles, was sie erwiderte, schien keine befriedigende Antwort auf die Frage zu sein: »Wer bist du?«

»Ich bin eine Christin.«

»Ich fragte nicht, welcher Religion du angehörst, sondern wer du bist.«

…

Offensichtlich bestand die Frau die Prüfung nicht, denn sie wurde zurück auf die Erde geschickt. Als sie wieder gesund war, beschloss sie, herauszufinden, wer sie war. Und darin lag der ganze Unterschied.«

Anthony de Mello[8]

Paulus hätte diese Geschichte so gar nicht gefallen! Können wir denn wirklich sagen, wer oder was wir rein als »Essenz« sind? Nein, sagt Paulus, das geht doch gar nicht und die Seele will gar nicht nackt dastehen!

Was denn? Titel und Ehrenbezeichnungen selbst noch im Himmel? »Hier sind alle gleich«, behaupten manche FKKler. »Nackt ist es egal, ob du Professor oder Arbeiter bist!« Das klingt so egalitär – aber werden die nackten Körper nicht

---

[8] Anthony de Mello, Wer bist du? In: Gelassen werden. Hrsg. Rudolf Walter, Verlag Herder, Freiburg im Breisgau 1996, S. 186 f.

nach Fettgehalt, Größe, Erschlaffungsgrad und Falten taxiert? Ist die daraus resultierende Ungleichheit nicht noch ungerechter? Festgewänder für alle, fordert Paulus.

Dennoch: ist die Vorstellung des Paulus von der Auferstehung nicht doch stark mythologisch geprägt? Wo bleibt das Geistige, das Höhere? Ausgerechnet Paulus, der in der Überlieferung als klein und unscheinbar gilt, der oft unter Schmerzen zu leiden hatte, nicht gerade üppig lebte und wahrscheinlich auch keine Freude an Sexualität hatte – ausgerechnet der will seinen Körper nicht aufgeben. Denn der Körper, der Leib ist das, wodurch wir kommunizieren können – dazu gehören auch die Matrosenuniform, Berufung und Beruf, Leidenschaften und Interessen, Sehnsüchte und Ängste, wer mit einem befreundet ist und wer nicht, wem man nachtrauert, das eigene Sein in allen Stadien und Altern. Mag das noch so schäbig und zerschlissen sein, ohne das kann Paulus sich eine Erlösung nicht vorstellen. Wir werden nicht »nackt«, oder als geistige Substanz auferstehen – glaubt jedenfalls Paulus – sondern mit unserer Geschichte und mit unseren sozialen Beziehungen – den geglückten und den verdorbenen, alles wird in das Leben Gottes hineingenommen.

Der Theologe Karl Barth wurde einmal gefragt: »Werde ich denn im Himmel meine Lieben wieder sehen?«, und soll geantwortet haben: »Ja. Aber die anderen auch.« Ich möchte ergänzen: Vielleicht erkennen wir unsere Lieben nicht auf den ersten Blick – und die anderen auch nicht. Weil sie noch ganz anders sind, als wir sie mit unseren Blicken und Urteilen festgehalten haben. Das wird dann die große Überraschung.

Und was bedeutet dies alles für den alten Mann? Wir können ihn als alten, gebrechlichen Mann sehen. Oder als Matrosen, der jetzt leider das Pech hat, alt und gebrechlich zu sein. Oder ganz anders: aus der Perspektive Gottes, wo er ganz neu eingekleidet wird, noch fescher, noch schicker, noch festlicher als im Matrosenanzug.

■ Psalm und Lieder

Ps 8 (EG 704)
EG 350, Christi Blut und Gerechtigkeit
EG 374, Ich steh in meines Herren Hand

11. Ein Platz im Himmel

Hebräer 4,14–16

Urte Bejick

Text

Da wir nun einen erhabenen Hohenpriester haben, der die Himmel durchschritten hat, Jesus, den Sohn Gottes, lasst uns an dem Bekenntnis festhalten. Wir haben ja nicht einen Hohenpriester, der nicht mitfühlen könnte mit unserer Schwäche, sondern einen, der in allem wie wir in Versuchung geführt worden ist, aber nicht gesündigt hat. Lasst uns also voll Zuversicht hingehen zum Thron der Gnade, damit wir Erbarmen und Gnade finden und so Hilfe erlangen zur rechten Zeit.

Impuls

In dir

Über dir
Sonne Mond und Sterne

Hinter ihnen
unendliche Welten

Hinter dem Himmel
unendliche Himmel

Über dir
was deine Augen sehen

In dir
alles Sichtbare

und

das unendlich Unsichtbare

Rose Ausländer[9]

▌ Kurzauslegung

Haben Sie den Text verstanden? Der Hebräerbrief versetzt uns hier mit wenigen Versen in eine Bilderwelt, die uns heute fremd vorkommt. Das reizt zur Neuübersetzung und Interpretation des Textes. Ich gebe ihn noch einmal in der Übersetzung von Klaus Berger wieder:

Doch wir haben einen großen Hohenpriester, Jesus Christus, der durch die Himmel hindurch bis zu Gottes Thron gelangt ist, weil er Gottes Sohn ist.
An dem Bekenntnis wollen wir festhalten.
Denn unser Hohepriester steht uns bei: Wenn wir schwach sind, fühlt er mit uns; wenn wir stolpern, taumelt er mit uns, wenn wir Angst und Schmerzen leiden, ist er auf unserer Seite.
Jeder Versuchung hat er sich ausgesetzt, aber gestrauchelt ist er nicht.
Deshalb wollen wir voll Zuversicht zum Gnadenthron Gottes treten,
denn Jesus Christus wird uns gnädig und barmherzig helfen, wenn wir es nötig haben.[10]

Der Hebräerbrief schildert die Anwesenheit Gottes als ein Thronen in einem riesigen Tempel. Leicht kommt man dort nicht hinein – mehrere Himmel sind zu durchqueren. Und nicht jeder und jede hat Zutritt. Vorbild ist hier der irdische Tempel in Jerusalem, dessen innerste Kammer, das Allerheiligste nur ein einziger Mensch, der geweihte Hohepriester, betreten darf.
Jesus wird als solch ein Hohepriester charakterisiert, der die Bitten, Wünsche, Klagen und Träume der Menschen vor Gott bringt – die sonst wie in einem nie geleerten Briefkasten langsam alt und fadenscheinig würden. Ja, in Jesu Gefolge dürfen wir selbst vor den Thron Gottes treten.
Wie sich der Schreiber des Hebräerbriefes das vorstellte?

---

[9]   Rose Ausländer, In dir. Aus: Dies., Wieder ein Tag aus Glut und Wind. Gedichte 1980–1982. © S. Fischer Verlag GmbH, Frankfurt am Main 1986.
[10] Klaus Berger/Christiane Nord, Übers., Das Neue Testament und frühchristliche Schriften. Frankfurt am Main/Leipzig 1999, S. 188.

I. Durch das Kirchenjahr

Natürlich nicht leiblich, aber in Gebet, Dankbarkeit, Schuldbekenntnis, Freude, Gesang und Fürbitte – da nähern sich Menschen Gott, stehen sie vor ihm.

Aber da gibt es auch Ängste: komme ich überhaupt durch? Werde ich vorgelassen? Kann ich überhaupt bestehen?

Das sind für uns heute sehr fremd anmutende Bilder. Wir dürfen ja in jede Kirche. Der Pfarrer und die Pfarrerin sind sogar froh, wenn viele Menschen hereinkommen! Freier Eintritt garantiert!

Das ist aber in unserer ganz realen Welt nicht überall so. Über Weihnachten war ich in Rom und habe an Heiligabend die Weihnachtsmesse im Petersdom besucht. Von wegen freier Eintritt, so einfach ist das nicht – auf dem Petersplatz sammelten sich Hunderte von Menschen, man musste eingekeilt warten, bis man die Sicherheitskontrollen passieren durfte und wurde – wenn man wie ich Glück hatte – dann von der Menge im Dom nach vorne gespült, wo auch ein Blick auf den Papst möglich war. Andere hatten weniger Glück und blieben auf den hinteren Plätzen.

Muss man Glück haben, um nach vorne zu kommen?

In den teuren Modegeschäften der Nobelmarken, die ich in Rom natürlich auch gesehen, aber nicht zu betreten gewagt habe, wartete jeweils ein Türsteher. Da habe ich mich nicht reingetraut.

Was ist, wenn der fragt: »Was wollen *Sie* denn hier«? Oder abschätzig schaut. Oder mich gar nicht erst reinlässt?

Die Jüngeren unter Ihnen kennen das vielleicht aus der Disko, vom Besuch eines Konzerts oder eines Fußballspiels – oft kommt man nur rein, wenn man schon jemanden kennt, der einen durchlässt. Oder man bekommt doch irgendwie noch Karten, wenn man Beziehungen hat. Man hat größere Chancen auf den Job, wenn der eigene Onkel den Chef kennt. Vielleicht wird ein Brief schneller beantwortet, das eigene Anliegen ernster genommen, wenn man die Freundin der Chefsekretärin ist.

Beziehungen sind oft alles.

Und so stellten sich die ersten Christen das vielleicht auch vor: eigentlich haben wir gar keine Chance – so dachten sie – überhaupt bis zu Gott vorzudringen. Man stellte sich damals den Himmel als Wohnsitz Gottes in mehreren Schichten vor. Und wie man heute nicht ganz so leicht in den siebten Himmel gelangt, weil man erst Ängste, Befürchtungen, Schüchternheit überwinden muss, so stellte man sich damals vor, dass über jeden einzelnen Himmel ein Engel wacht. So was Profanes, leicht Schmuddeliges wie z. B. ein menschliches Gebet lässt der nicht durch. An einem Gebet haften soviel menschliche Schwäche, soviel Wünsche, Klagen, Banalitäten des Alltags!

Aber: Wir Christinnen und Christen haben da Beziehungen, vielmehr eine Beziehung, nämlich Jesus, der als Hoherpriester die Himmel zügig durchschreitet, um gleich in deren Mittelpunkt zu kommen. Und wir können einfach hinterher – jetzt noch nicht leiblich, aber in unseren Gebeten und Gottesdiensten, im Singen, Träumen, Wünschen und Klagen. Wir Christen sind VIPs und kommen überall rein, vorbei an jedem Türsteher. Wir müssen nur festhalten am Bekenntnis, d. h. einfach sagen: »Übrigens, ich bin ein Freund von Jesus.«

Welche Qualitäten muss aber jemand aufweisen, der auch andere mitzieht? Beim Türhüter sind das vielleicht Muskelkraft und sicheres Auftreten, oder man ist mit dem Chef verwandt oder gut befreundet. Aber bei Gott ist manches ganz anders. Als Vorzug Jesu nennt der Hebräerbrief gerade nicht seine besondere Position oder dass er eben ganz anders ist als wir – nein im Gegenteil. Jesus konnte nur dann vor Gott ein barmherziger und treuer Hohepriester werden, wenn er in allem seinen Geschwistern ähnlich wurde. Er hat sich allem ausgesetzt und es bis zum Ende durchgestanden, heißt es zwei Kapitel vorher. Stellen Sie sich vor, das ist, als würde jemand im Jogging-Anzug einfach in das Armani-Geschäft oder in die Nobeldisko gehen – und die lassen den durch! Wir können uns auf Jesus verlassen, weil er weiß, wie das Leben ist: er hat gehungert und Wein getrunken, er war einsam und hatte Angst, er feierte gerne und holte sich blutige Füße auf seinen Wanderungen … Nicht seine Heiligkeit, seine Untadeligkeit, sein »Nicht von dieser Welt sein« verleihen ihm Würde, sondern seine Menschlichkeit in all ihrer Schwachheit. »Barmherzig« war Jesus nicht »von Natur aus«, sagt unser Text, nein er hat Barmherzigkeit und Mitleid im Mitleben mit den Menschen »gelernt«.
Er ist dabei auch ausgerutscht, aber nie gefallen. Die Bibel nennt dies »Versuchung«. Jesus hat sie auch gekannt, aber darüber nie die Verbindung mit Gott aufgegeben oder aus den Augen verloren – das meint die Wendung »aber ohne Sünde«. Jesus war manchmal ungeduldig, manchmal zornig, manchmal ängstlich, manchmal traurig, manchmal übermütig – aber nie war ein Gefühl so stark, ihn von Gott zu trennen.

Wir verlieren da schon mal leichter den Boden unter den Füßen, rutschen wo rein oder aus. Wer sich bewegt, tritt auch mal daneben, wer was anpackt, macht sich mal die Hände schmutzig, wer geistig hochfliegen will, fällt schon mal runter.

Aber da ist Jesus, und der erinnert sich, was er als Mensch unter Menschen gelernt hat: Mitleid und Barmherzigkeit Diese Barmherzigkeit ist es, die uns mit ihm verbindet. Vielleicht wird ja mal ein Türsteher misstrauisch und fragt nach: »Ein Freund von Jesus – kann jeder sagen.« Aber da gibt es dieses Geheimzeichen – dass Menschen einander verzeihen, dass sie großzügig sind, dass sie einander helfen, miteinander lachen oder trauern – das lassen die Türhüter gelten!

Wir ziehen heute schon den Gewinn aus dieser Erkenntnis der ersten Christen. Für uns ist es doch selbstverständlich, zu beten und zu singen. Die Menschen früherer Zeiten hatten da eine größere Scheu.

Aber die großen Fragen bleiben: Soll und kann ich überhaupt beten?

Was darf ich überhaupt vom Leben verlangen? Und: Kann ich trotz mancher Not und Verfehlung dankbar auf mein Leben zurückblicken?

Kann ich damit bestehen?

Der Hebräerbrief sagt: wir dürfen!

Denn: wir haben Beziehungen.

Wir brauchen kein sicheres Auftreten, keine weiße Weste, nicht Schlips und Kragen, kein polizeiliches Führungszeugnis sondern nur eins:

Barmherzigkeit untereinander. Sie ist das Zeichen, dass wir Freundinnen und Freunde Jesu sind. Und die kommen – manchmal jedenfalls – in den siebten Himmel oder eben überall hin.

Info

In außerkanonischen jüdischen Schriften im Umfeld des Neuen Testament ist belegt, dass man sich den Himmel als Ort göttlicher Herrschaft in drei bzw. sieben Schichten vorstellte. Diese Himmelssphären galten als eine Art Vorzimmer zum Thronsaal und wurden von Wächterengeln bewacht. Im Hebräerbrief ist der Himmel ein Tempel mit mehreren Vorhallen.

In 2 Kor 12, 2 berichtet Paulus, wie er in einer Vision in den »dritten«, d. h. höchsten Himmel aufstieg. Die Redewendung »im siebten Himmel sein« geht auf diese Vorstellungen zurück.

Psalm und Lieder

Ps 19.I (EG 708.I)
EG 344, Vater unser im Himmelreich
EG 353, Jesus nimmt die Sünder an

12. Leidenschaftlich leben

Römer 12,11–12

Urte Bejick

■ Text

Lasst nicht nach in eurem Eifer, lasst euch vom Geist entflammen und dient dem Herrn! Seid fröhlich in der Hoffnung, geduldig in der Bedrängnis, beharrlich im Gebet!

■ Impuls

Auf einem Bauzaun,
im oberen Teil einer Wolke,
steht »Gott«,
darunter, kaum lesbar, »Sabrina«.
Was den Kids alles einfällt!
Doch um die Ecke,
an einer Hauswand,
groß und rot »GOTT«.
Jetzt muss man die Polizei rufen,
zwei Beamte fotografieren ratlos und lächelnd
DEN NAMEN.
DER NAME wird archiviert für 10 Jahre.
»Unwahrscheinlich, den Täter zu finden.
Schreiben Sie Ihre Rechnung an den Himmel«,
scherzt der Beamte,
»Aber heute ist man gegen alles versichert,
selbst gegen das.«

Urte Bejick

■ Kurzbetrachtung

O Herr, liebe mich leidenschaftlich und liebe mich oft und lange! Denn je häufiger du mich liebst, desto reiner werde ich; je leidenschaftlicher du mich liebst, desto schöner werde ich; je länger du mich liebst, desto mehr werde ich geheiligt auf Erden. [11]

Beten wir noch so, wenn überhaupt?

Mit 53 Jahren vollendete eine deutsche Begine ihre siebenbändige geistliche »Autobiographie«. Das Werk der Mechthild von Magdeburg (1207–1282/1294) besteht aus Visionen, Ermahnungen und aus vorwiegend erotischen Gedichten. Sie sind nicht an irdische Männer, sondern an Gott gerichtet. Er antwortet laut Mechthild entsprechend:

Du bist mein Kopfkissen,
mein lieblichstes Lager,
meine verborgenste Ruhe,
mein tiefstes Begehren,
meine höchste Ehre!
Du bist eine Lust für meine Gottheit,
ein Trost für meine Menschennatur,
ein Bach für meine Glut! [12]

Mechthild von Magdeburg hatte mit 12 Jahren ihre adlige Familie verlassen und war einer Beginengemeinschaft beigetreten, d. h. einer sich durch Arbeit selbst erhaltenden Frauengemeinschaft, die nach festen Regeln lebte, aber kein Orden war. Mit 43 Jahren begann sie ihre bisherigen Erfahrungen mit Gott aufzuschreiben.
Ich freue mich, dass ich den lieben darf, der mich liebt, und begehre danach, ihn tödlich zu lieben, maßlos uns unaufhörlich. [13]

---

[11]   Mechthild von Magdeburg, Das fliessende Licht der Gottheit. Übersetzt und herausgegeben von Gisela Vollmann-Profe. © Deutscher Klassiker Verlag, Frankfurt am Main 2003, Buch I, XXIII, S. 45.
[12]   ebd., Buch I, XIX, S. 37.
[13]   ebd., Buch I, XXVIII, S. 49.

I. Durch das Kirchenjahr

Ja, höre ich den populär-freudianischen Einwurf, das ist Kompensation für entgangene Sexualität. Soll solch eine Rationalisierung aber nicht darüber hinwegtäuschen, dass in einer anderen Zeit und Kultur Menschen tiefe erotische Empfindungen besaßen, die uns in der Gegenwart abgehen und die wir dann mit Sexualität kompensieren? Mechthild verstand die erotische, begehrende Liebe als Wesen Gottes, auf das der Mensch mit Sehnsucht antworte.

Diese lässt sich nicht auf sexuelle Begegnungen oder eine Paarbeziehung reduzieren, sie lässt sich auch nicht in Erotik und höherwertigere, aber zahme Nächstenliebe aufteilen. Alles sind Aspekte der einen göttlichen Energie und Liebe. Leidenschaft, Kraft, Trost, Mut, Freiheit – dies sind Attribute der Liebe, sind Attribute, die die katholische Litanei dem Heiligen Geist zuschreibt. Und auch die nüchterne protestantische Tradition vermag sich in den Liedern zum Pfinstgstfest zu einem Anflug von Erotik aufraffen: Brunnquell, süßer Trost, Balsam:

Tröster der Betrübten, Siegel der Geliebten, Geist voll Rat und Tat, starker Gottesfinger, Friedensüberbringer, Licht auf unserm Pfad; gib uns Kraft und Lebenssaft, lass uns deine teuren Gaben zur Genüge laben. (EG 135, 2)

So singen wir wohl – aber berührt das Pfingstfest noch unsere Herzen? Gott und Jesus, das ist noch nachvollziehbar, aber die Trinität mit dem Heiligen Geist, das ist für manche nur noch unverständlich, ein dürres Gedankenvergnügen für Theologen – und sollte doch Saft und Kraft und Leidenschaft sein! Angesichts dieser Müdigkeit hat der Heilige Geist allerdings ein Refugium gefunden: »fromm« mögen nur noch wenige sein, aber »Spiritualität« – was ja nichts anderes heißt als Leben aus dem Geiste – ist sehr gefragt, innerhalb und außerhalb der Kirche. Spiritualität hat mit Ekstase und Gefühl zu tun – ihren langen Atem beweist sie aber, wo sie über das Gefühl hinausgeht. Mechthild musste erleben, dass die ersten Bücher ihres Werkes öffentlich nicht verstanden und angefeindet wurden. Auch Gott antwortete nicht mehr. Die Welt kehrte ihr den Rücken, alle Kreaturen erschienen glanzlos. Zweifel machten sich breit: wie, wenn alles Erfahrene nur ein Hirngespinst war?

Mechthild behilft sich auf zwei Weisen: einmal mit ihren Niederschriften. Im Medium Sprache wird die unsagbare Erfahrung eine ablesbare, auf der tiefsten Stufe der Entfremdung werden ihre eigenen Aufzeichnungen Vergegenwärtigung vergangener Erfahrung. Das zweite Mittel ist die Annahme der jetzt er-

fahrenen Realität. Wurde in früheren Aufzeichnungen Jesus als »schöner Jüng-
ling« angerufen, ist er jetzt der arme Arbeiter. Kann die beglückende, fordernde
Liebe nicht mehr erfahren werden, so doch die barmherzige, geschwisterliche
und solidarische Liebe, die *compassio*. Diese ist nicht besser oder resignativer,
sondern die Probe auf die Echtheit der erotischen Erfahrung.
Wie kann eine solche Lebenserfahrung heute aussehen? »Ganz praktisch: Suchen Sie Ihre Leidenschaften, finden Sie heraus, wo Sie leidenschaftlich sind,
oder es gerne sein möchten«, so in säkularer Sprache Verena Kast. »Lassen Sie
sich ergreifen von dem, was Sie ergreifen möchte, zunächst vielleicht einfach
von der Sehnsucht nach intensiverem Leben, von der Sehnsucht nach einer
breit ausgefächerten Emotionalität. (…) Letztlich ist wohl Lebensleidenschaft
eine leidenschaftliche Liebe zum Leben, wie es ist, und wie wir es jeweils spüren
und erleben, und nicht wie wir meinen, dass es sein sollte. Im Gestalten der
Leidenschaft zum Leben gelingt es uns vielleicht, uns und unsere Welt etwas
umzugestalten, aus dieser Leidenschaft zum Leben spüren wir viel besser, wo
das Leben und das Lebendige bedroht ist, und wir wehren uns dann vielleicht
auch leidenschaftlich: für das Leben – nicht nur für das Überleben.«[14] Offenheit
für das Leben – wir als Christen können übersetzen: Offenheit für den Heiligen
Geist, Offenheit für ein inspiriertes Leben, Offenheit für den Gott, den Mechthild so preist:

Du bist das Licht in allen Lichtern,
du bist die Blumenzier auf allen Kronen,
du bist die Salbe, stärker als alle Wunden,
du bist die unwandelbare Treue ohne Falsch,
du bist der Wirt in allen Herbergen.[15]

---

14   Verena Kast, Sich einlassen und loslassen. © Verlag Herder, Freiburg im Breisgau 1992,
      S. 156.
15   Mechthild von Magdeburg, Das fliessende Licht der Gottheit. Übersetzt und herausgege-
      ben von Gisela Vollmann-Profe. © Deutscher Klassiker Verlag, Frankfurt am Main 2003,
      Buch II, X, S. 99.

▮ Info

Literatur zu Mechthild von Magdeburg:

Hildegund Keul, Mechthild von Magdeburg. Poetin – Begine – Mystikerin. Freiburg 2007.

Christoph Quarch, Die Erotik des Betens. Eine mystische Gebetsschule mit Mechthild von Magdeburg und Rumi. München 2007.

▮ Psalm und Lieder

Ps 118 II (EG 763.2)
EG 130, O Heilger Geist, kehr bei uns ein
EG 135, Schmückt das Fest mit Maien
GL 245, Komm, Schöpfer Geist

13. Schürzenengel

Urte Bejick

▌ Meditation

Vielleicht gibt es
– ich will nicht lästern –
auch Billiglohn-Engel,
die, zufrieden mit einem Lächeln oder hastigem Gebet,
Tag und Nacht mit goldnen Eimern unterwegs sind.
Mit spitzen Zangen sammeln sie das Verlorene,
Augenblicke –
manchmal hat mir ein Blick
– sei's eines Hundes –
den Tag gerettet
oder Männerblicke hin und wieder,
mehr hab ich wohl nicht zu erwarten,
doch der Engel sammelt getreulich,
er fasst die Blicke in Rahmen,
klebt sie sorgfältig ein,
staunt:
Schaut, wie viel Augen-Blicke dieser Mensch hatte!
Oder er findet irgendwo einen Anfang,
eine Liebe, auf halbem Weg vertrocknet,
einen Liebestorso,
doch er gibt nicht auf,
pfeift »Da draus lässt sich was machen!«
und bindet die blaue Schürze um.
Diesen Engel mit den schwieligen Händen,
dass es ihn gäbe,
ich würde …
Er winkt freundlich ab,
und stecket das Gebetlein in die Schürzentasche.
Später will er es anschauen

und polieren,
bis es glänzt.

■ Psalm und Lied

Ps 103.2 (EG 755.2)
EG 142/GL 605, Gott, aller Schöpfung heilger Herr

14. Obst

Lukas 6, 43–45

Urte Bejick

■ Text

Es gibt keinen guten Baum, der schlechte Früchte hervorbringt, noch einen schlechten Baum, der gute Früchte hervorbringt. Jeden Baum erkennt man an seinen Früchten: von den Disteln pflückt man keine Feigen und vom Dornstrauch erntet man keine Trauben.

Ein guter Mensch bringt Gutes hervor, weil in seinem Herzen Gutes ist; und ein böser Mensch bringt Böses hervor, weil in seinem Herzen Böses ist. Wovon das Herz voll ist, davon spricht der Mund. Was sagt ihr zu mir: Herr! Herr!, und tut nicht, was ich sage?

■ Impuls

Verschmerzen

Schön
wenn der verwundete Mensch
seine Narben
verschmerzt

sich gesellt
zum stillen Stein
zum beredten Wasserfall

und sich erkennt
im Blick der
Nachbarpupille

Rose Ausländer[16]

▌ Kurzauslegung

Ich komme gerade von Bodensee zurück und die Apfelbäume und Weinstöcke, die im März noch dürre Ärmchen ausstreckten, waren voller praller Früchte. Ich esse nicht gern Obst, aber so ein Apfel oder Maiskolben auf freiem Feld regt einfach zum Stehlen an. Was ich nicht gemacht habe, wegen dem guten Schatz und so. Auch faule Früchte stören wenig. Unter manchen Bäumen lagen blaue Seen aus abgefallenen Zwetschgen, die bereits aufgegangen und gespalten waren – ein Fest für Wespen, Vögel, Kleintiere. Für alle war gesorgt.

Die Botschaft des heutigen Bibeltextes schmeckt mir weniger, er macht mir Angst. Von der Frucht kann man auf den Baum schließen. Ist der Baum schlecht – dann ist nichts mehr zu machen. Früher sprach man so über Kinder, die in Heimen aufwuchsen, heute vielleicht über die Kevins, Borisse, Murads und Sandras aus den sogenannten sozialen Brennpunkten. Schon diese Wortwahl zeigt, dass da etwas faul sein muss. Herkunft und Milieu entscheiden gegenwärtig über Bildungschancen und den künftigen Lebensweg, ohne dass sich Auswege auftäten. Und diese Wege setzen sich bis ins Alter fort, was finanzielle Mittel, Gesundheit und Kontakte betrifft. Einen alten Baum verpflanzt man halt nicht.
»Ein schlechter Baum bringt schlechte Früchte« – so hätten es manche Politiker gerne. Von Sozialhilfekarrieren, die von den Eltern »vererbt« würden, ist da die Rede. Oder gehen wir in einen gewöhnlichen Buchladen: Fast monatlich erscheinen pseudo-wissenschaftliche Bücher, die alles menschliche Verhalten auf die genetische Ausstattung oder die ferne Vergangenheit als Höhlenmensch zurückführen – warum Frauen immer einkaufen und Männer ihnen die Tüten hinterhertragen. Alles Biologie, alles Evolution mit den üblichen Kollateralschäden.
Dann ist ja alles klar. Oder doch nicht? Ist der Täter vielleicht doch der Gärtner –

---

[16]   Rose Ausländer, Verschmerzen. Aus: Dies., Wieder ein Tag aus Glut und Wind. Gedichte 1980–1982. © S. Fischer Verlag GmbH, Frankfurt am Main 1986.

nämlich die, die die Bäumchen nicht pflegen, den Boden nicht bewässern und düngen? Die einen erkrankten Baum verwahrlosen lassen – es gibt ja so viele von ihnen und die Früchte, die er tragen könnte, interessieren nicht, wo sie sich auf dem Markt nicht verkaufen lassen. Meint unser Text die, die die Bäumchen unfachgemäß auf für diese völlig falschen Grund pflanzen? Meint der Bibelspruch etwa uns – als Gesellschaft, als Kirche, als Diakonie?

Es gibt strukturelle Sünden, die Früchte nicht reifen lassen. Aber um nicht immer bei »den anderen« zu bleiben – welche Früchte bringen wir denn hervor, wir persönlich? Sicher viele reife und wohlschmeckende – aber sicher auch einige mit Druckstellen. Sind wir schon gut, nur weil wir bei der Diakonie oder Caritas arbeiten, weil wir beruflich oder privat etwas vorweisen können? Und umgekehrt: Schlechte Frucht – schlechter Baum? Buße bedeutet Umkehren, bedeutet auch, dass aus knorrigen, angeschlagenen Bäumen noch etwas wachsen kann. Manche Menschen finden erst durch einen Schicksalsschlag zur sozialen Arbeit – was ihnen geschehen ist, möchten sie anderen Menschen ersparen. Dadurch entstehen Stiftungen, Initiativen, Projekte. Viele Vorbilder in Diakonie und Caritas sind nicht als Heilige geboren worden: Paulus war ein religiöser Fanatiker, der heilige Martin ein vom Vater in diesen Beruf gezwungener Soldat, der heilige Franz ein Lebemann und Dorothy Day, die Gründerin des »Catholic Worker« und der Suppenküchen in New York, eine fröhliche Bohèmienne der 20er Jahre. Ein bisschen Fäulnis gehört dazu, um die Tiefen des Lebens auszukosten. Das wussten besonders die jüdischen Mystiker und Chassidim. Martin Buber überliefert folgende Geschichte aus einem osteuropäischen Städtchen des 18. Jhs.:

Ein Chassid verklagte einst vor Rabbi Wolf einige Leute, dass sie ihre Nächte beim Kartenspiel zu Tagen machten. »Das ist gut«, sagte der Rabbi. »Wie alle Menschen, wollen auch sie Gott dienen und wissen nicht wie. Aber nun lernen sie sich wach halten und bei einem Werk ausharren. Wenn sie darin die Vollendung erlangen, brauchen sie nur noch umzukehren – und was für Gottesdiener werden sie dann geben.«[17]

Umkehr heißt, sich nicht lamentierend auf den faulen Kern berufen. Buße heißt, nicht den Mut aufzugeben, dass aus Verfehltem doch noch etwas Gutes werden könne, dass Gott alles zum Guten wende.

---

[17]   Martin Buber, Die Erzählungen der Chassidim. Zürich 1949, S. 272.

I. Durch das Kirchenjahr

Gute Früchte kommen vielleicht nicht aus einem »guten« Herzen – wer hat das schon – aber aus einem schlagenden, lebendigen Herzen. Und wenn doch der Wurm drin ist? Oder eine angeschlagene Stelle? Mich haben die Zwetschgenbäume am Bodensee beeindruckt. Manche waren so voll, dass Zweige heruntergebrochen waren, manche nicht abgeerntet. Unter ihnen lagen ganze Lachen geplatzter Früchte, halb vergoren, die besonders berauschend dufteten. Nicht ganz so gute Früchte? Die Vögel, Igel, Insekten freut's. Und was unsere angeschlagenen Früchte betrifft: Ich sehe in Gedanken die Engel daraus einen leckeren Slibovitz machen.

▉ Psalm und Lieder

Ps 1 (EG 701)
EG 285/GL 271, Das ist ein köstlich Ding
EG 503, Geh aus mein Herz (Strophen 13–15)

15. Damit ihr nicht traurig bleibt …

1 Thessalonicher 4,13–18

Urte Bejick

Text

Brüder (und Schwestern), wir wollen euch über die Verstorbenen nicht in Unkenntnis lassen, damit ihr nicht trauert wie die anderen, die keine Hoffnung haben. Wenn Jesus – und das ist unser Glaube – gestorben und auferstanden ist, dann wird Gott durch Jesus auch die Verstorbenen zusammen mit ihm zur Herrlichkeit führen.

Denn dies sagen wir euch nach einem Wort des Herrn: Wir, die Lebenden, die noch übrig sind, wenn der Herr kommt, werden den Verstorbenen nichts vorshaben. Denn der Herr selbst wird vom Himmel herabkommen, wenn der Befehl ergeht, der Erzengel ruft und die Posaune Gottes erschallt. Zuerst werden die in Christus Verstorbenen auferstehen; dann werden wir, die Lebenden, die noch übrig sind, zugleich mit ihnen auf den Wolken in die Luft entrückt, dem Herrn entgegen. Dann werden wir immer beim Herrn sein. Tröstet also einander mit diesen Worten!

Impuls

Zärtliche Nacht

Es kommt die Nacht
da liebst du

nicht was schön –
was hässlich ist.

Nicht was steigt –
was schon fallen muß.

Nicht wo du helfen kannst –
wo du hilflos bist.

Es ist eine zärtliche Nacht,
die Nacht da du liebst,

was Liebe
nicht retten kann.

Hilde Domin[18]

■ Kurzauslegung

Liebe Gemeinde!
Ein Kind lädt zu seinem Geburtstag ein! Das Zimmer ist geschmückt, der Tisch
gedeckt, die Luftballons sind aufgeblasen. Kind und Eltern warten – es wird
drei Uhr, es wird vier Uhr und nur ganz wenige Gäste kommen. Das Mädchen,
mit dem das Kind schon immer befreundet sein wollte, bleibt aus, viele Stühle
leer. Die Feier wird dann noch ganz lustig, aber das Kind wird nie mehr so
erwartungsvoll sein wie am Morgen.
Auch die Gemeinde in Thessalonich freut sich auf ein großes Fest. Die frühen
Christen glaubten an die baldige Wiederkunft Christi, die sie sich wie eine »Pa-
rusie«, den glanzvollen Einzug eines Königs in die Stadt vorstellten. Aber da
macht sich Unbehagen breit: In der Gemeinde sind schon einige gestorben. Dass
die Toten wieder auferstehen, dessen waren sich die Thessalonicher gewiss –
aber würden sie auch die feierliche Ankunft Christi miterleben? Oder umgekehrt: Würden die Lebenden allein feiern müssen? Würden einige Plätze leer
bleiben? Diese Frage bewegte die damaligen Christen, aber auch aus jüdischen
Zeugnissen ist sie bekannt: wenn der Messias kommt, gibt es dann etwa wieder
zu kurz Gekommene?
Diese Fragestellung mag uns fremd sein: Solidarität mit den Toten. Für uns ist
doch eher »Leben im Hier und Jetzt« ein Problem oder die dringend notwendige
Solidarität mit den Menschen, die nach uns kommen. Aber ist eine glückliche,
solidarische Gemeinschaft überhaupt möglich angesichts der vielen Opfer der

---

[18]   Hilde Domin, Zärtliche Nacht. Aus: Dies., Gesammelte Gedichte. © S. Fischer Verlag
       GmbH, Frankfurt am Main 1987.

Geschichte? Diktatoren rühmen sich gerne damit, ihr Reich der Glückseligkeit auf Gräbern zu errichten. Ihre Gegner möchten »auf Gräbern tanzen«, trotz alledem. Die Thessalonicher mögen ihre Toten weder ewig begraben sehen und wenn sie schon tanzen, dann einmal in Gemeinschaft mit ihnen. Diese Bilder muten fremd an, die Frage, die dahintersteckt, ist: Welchen Anspruch auf Glück haben wir angesichts des Unglücks so vieler Menschen und Lebewesen? Die Thessalonicher waren noch nicht lange Christen, aber dass Glück nicht etwas für glücklich Davongekommene ist, dass es nur gemeinsam erfahren werden kann, das wussten sie.

»Dann werden wir, die Lebenden, die noch übrig sind, zugleich mit ihnen auf den Wolken in die Luft entrückt«, tröstet Paulus. Wie viele Menschen wollen »fliegen« und werden bereits im ersten Anflug gebremst! Ausgebremstes, abgebrochenes Leben begegnet nicht nur im Rückblick auf Verstorbene. Sicher können wir auf viele kleine Tode im Leben zurückblicken: Die mit großer Freude eingegangene Freundschaft, die versandete, die mit Elan angegangene Arbeit, die zu keinem großen Erfolg führte, die vielen kleinen banalen Streitigkeiten in unserem Alltag, das alles engt unser Leben ein. An Gräbern betrauern wir oft nicht nur ein zu Ende gelebtes Leben, sondern auch das nicht gelebte.

Da tröstet die Anfrage der Thessalonicher, ja sogar ihre Trauer. Da gab es vor 2000 Jahren Menschen, die alles zu erwarten hatten, aber es war ihnen nicht genug. Glück und Erfüllung lassen sich nicht privatisieren oder auf einen kleinen Kreis beschränken. Die Thessalonicher wollten kein Fest, bei dem Stühle leer bleiben. Nehmen wir ihre Hoffnung auf, wie wir auch Hoffnungen und Wünsche der von uns gegangenen Menschen aufnehmen. »Wir werden ihnen nichts voraushaben«, tröstet Paulus. Anderen nichts voraus zu haben, ihnen nicht zuvorzukommen – das ist ein Trost und gilt es in unserer Konkurrenzgesellschaft zu betonen. Es geht nicht um ein großes Fest, zu dem nur noch wir Karten ergattern. Vielmehr wird gesagt: Ohne Gemeinschaft findet dieses Fest nicht statt.

Erfüllung schließt das Gescheiterte, Abgebrochene, Erstickte in unserem Leben und im Leben anderer Menschen ein. Dies – die Hoffnung auf Erfüllung und die Liebe – kostet hier in diesem Leben den Preis der Trauer. Der Theologe Henning Luther schreibt: »Von (unserer) Identitätsbildung kann nie losgelöst vom Zustand dieser Welt und vom Verlauf ihrer Geschichte geredet werden (…) Und dies ist immer noch eine Geschichte der Opfer. (…) Volle Identität wäre nur bei Verzicht auf *Trauer* möglich.«[19]

---

[19] Henning Luther, Identität und Fragment. In: Religion und Alltag. Bausteine zu einer praktischen Theologie des Subjekts. Stuttgart 1992, S. 167 f.

Unsere Trauer ist der erste Schritt zur Hoffnung. Unzufriedenheit, Mitgefühl, Sich-Erinnern, wo Anpassung und Durchsetzungsvermögen gefragt sind, kann unser Beitrag zur Solidarität mit den Toten sein. Und die existiert nicht in Gedanken, sondern wo wir Lebende füreinander eintreten, wo wir die vielen kleinen Tode und Höllen, die wir einander im Leben bereiten, nicht akzeptieren. Indem wir nicht vergessen, bezeugen wir, dass Gott nicht vergisst, indem wir einander verzeihen, bezeugen wir, dass Gott verzeiht, indem wir einander mit Freundlichkeit und Beistand begegnen, bezeugen wir, dass Gott uns zum Leben, zu seinem Fest einladen will. Uns alle!

▌ Psalm und Lied

Ps 126 (EG 766)
EG 379/GL 290, Gott wohnt in einem Lichte
EG 531, Noch kann ich es nicht fassen

16. Tanz im Himmel

Offenbarung des Johannes 5,1–10

Urte Bejick

▌ Text

Und ich sah auf der rechten Hand dessen, der auf dem Thron saß, eine Buchrolle; sie war innen und außen beschrieben und mit sieben Siegeln versiegelt. Und ich sah: Ein gewaltiger Engel rief mit lauter Stimme: Wer ist würdig, die Buchrolle zu öffnen und ihre Siegel zu lösen?

Aber niemand im Himmel, auf der Erde und unter der Erde konnte das Buch öffnen und es lesen. Da weinte ich sehr, weil niemand für würdig befunden wurde, das Buch zu öffnen und es zu lesen. Da sagte einer von den Ältesten zu mir: Weine nicht! Gesiegt hat der Löwe aus dem Stamm Juda, der Spross aus der Wurzel Davids; er kann das Buch und seine sieben Siegel öffnen.

Und ich sah: Zwischen dem Thron und den vier Lebewesen und mitten unter den Ältesten stand ein Lamm; es sah aus wie geschlachtet und hatte sieben Hörner und sieben Augen; die Augen sind die sieben Geister Gottes, die über die ganze Erde ausgesandt sind. Das Lamm trat heran und empfing das Buch aus der rechten Hand dessen, der auf dem Thron saß.

Als es das Buch empfangen hatte, fielen die vier Lebewesen und die vierundzwanzig Ältesten vor dem Lamm nieder; alle trugen Harfen und goldene Schalen voll von Räucherwerk; das sind die Gebete der Heiligen. Und sie sangen ein neues Lied: Würdig bist du, das Buch zu nehmen und seine Siegel zu öffnen; denn du wurdest geschlachtet und hast mit deinem Blut Menschen für Gott erworben aus allen Stämmen und Sprachen, aus allen Nationen und Völkern und du hast sie für unsern Gott zu Königen und Priestern gemacht; und sie werden auf der Erde herrschen.

▌ Kurzbetrachtung

Ungefähr zur gleichen Zeit wie der Autor der Apokalypse schrieb der römische Schriftsteller Publius Statius ein recht schwülstiges Epos über den Zug der »Sieben gegen Theben«, randvoll mit Kriegen, Morden und Verrat, über allem thronen die Götter – gleichgültig gegen das menschliche Leid. In diesem Werk findet sich ein nachdenkenswerter Satz: »In der Mitte der Stadt stand der Altar einer machtlosen Gottheit – die Barmherzigkeit hatte hier ihren Sitz.« Hier ist mir spontan der »unbekannte Gott« der Areopagrede eingefallen. Auch im Text der Offenbarung wird ein Unbekannter gesucht, inmitten einer Geschichte von Katastrophen, Verfolgungen und Tränen. Eine Anklageschrift soll geöffnet werden, ein Anwalt wird gesucht, der das Gericht über die Geschichte einleitet, ihren Sinn und ihr Ziel klärt. Die Ankündigung klingt verheißungsvoll – der Löwe aus Judas Stamm. Die Erfüllung dagegen muss paradox erscheinen: ein geschlachtetes Lamm, Sinnbild der Güte und der Ohnmacht. Das Lamm und seine Freundinnen und Freunde, die es in seinen Kreis gezogen hat, sollen herrschen – Barmherzigkeit und Ohnmacht Prinzip der Geschichte sein, ihr tragendes Prinzip. Ich kenne kein Geschichtsbuch, das auf solcher Anschauung basiert: Geschichte ist die Geschichte der sich durchsetzenden Macht, im politischen, ökonomischen und kulturellen Bereich. Auch »alternative« Geschichtsbücher berichten von Besiegten, deren Niederlage zumindest etwas Heroisches hat. Ohnmacht ist nicht heroisch, das ist das Ersticktwerden oder Nichtaufkommen von Träumen und Hoffnungen, ist Gesichtslosigkeit, Leiden, ein Zugeschüttetwerden im Grab des Vergessens.

Ohnmacht und Verzweiflung, das kannte der Verfasser unseres Textes aus der Verfolgungssituation seiner Gemeinde, und auch wir müssen nicht lange suchen, um ihre Spur zu finden. Wir müssen nur in die Nachrichtensendungen schauen, diese Massengräber der Gleichgültigkeit. Oder auf die Straße, in die Wohnung nebenan, wo Einsamkeit und Verlassenheit herrschen.

In diese Situation hinein singen die Freundinnen und Freunde des Lammes ein neues Lied: Gott selbst hat sich zu dem bekannt, in dessen Schicksal Einsamkeit und Ohnmacht kulminierten. Vom Gekreuzigten, dem geschlachteten Lamm her fällt ein Licht auf die im Dunkel der Geschichte Versunkenen, erhalten die Gesichtslosen Kontur. »Kraft, Reichtum und Stärke« für die Ohnmächtigen und die, die sich zu ihm bekennen – aber ist dies nicht wieder das alte Lied, eine bloße Umkehrung der Verhältnisse, dass die, die früher unten waren jetzt ganz oben sind?

Nein: Gott, der sich zu den Ohnmächtigen bekennt, will Menschen nicht in ihrer Hilflosigkeit belassen; er macht auch den Theologen einen Strich durch die Rechnung, die meinen, ihn dadurch zu erhöhen, indem sie den Menschen als sündiges, verächtliches Geschöpf schildern. Das Loblied auf das Lamm ist keine Preisung der Zufriedenheit mit dem alltäglichen Elend, sondern besagt:

Die Nichtgeliebten haben ein Recht auf Liebe;

die Verängstigten und Traurigen haben ein Recht auf ein Erwachen am Morgen ohne Angst vor dem Tag;

die Verspotteten haben ein Recht auf Würde;

jeder Mensch ein Recht auf Erfüllung.

Bei Publius Statius opfert niemand der ohnmächtigen Göttin, vielleicht aus Angst, vielleicht aus Resignation – und der Krieg geht weiter. Seit der Apokalypse ist die Geschichte der Gewalt und Unterdrückung nicht abgebrochen. Ihr Verfasser weiß selbst, dass mit der Öffnung der sieben Siegel die Katastrophe erst richtig losgeht.

Was also bleibt?

Das Lied auf das Lamm, anzustimmen, um alle Marschrhythmen aus dem Takt zu bringen; kein Lied zum Mitklatschen, aber vielleicht zum Tanzen – im Gegenrhythmus gegen die Zeit, denn »wo nicht getanzt wird, ist das nicht meine Revolution« (Emma Goldmann);

Ein Handeln aus der Kraft des Liedes heraus, ein Handeln auf Mitmenschlichkeit, Erbarmen hin. Und vielleicht das große Experiment, nicht auf dem Altar der Macht und des Erfolges, sondern des Erbarmens zu opfern.

▨ Info

Publius Papinius Statius (ca. 40–96 n. Chr.);

sein Werk in deutscher Übersetzung: O. Schönberger, Der Kampf um Theben. Würzburg 1998.

▨ Psalm und Lieder

Ps 126 (EG 766)
EG 147/GL 110: Wachet auf, ruft uns die Stimme
EG 153: Der Himmel, der ist

II. Diesseits von Eden: Liebe und Arbeit

17. Es ist nicht gut, dass der Mensch allein sei ...

1 Mose/Genesis 2, 7–8.15.18–25

Urte Bejick

▉ Text

Da formte Gott, der Herr, den Menschen aus Erde vom Ackerboden und blies in seine Nase den Lebensatem. So wurde der Mensch zu einem lebendigen Wesen. Dann legte Gott, der Herr, in Eden, im Osten, einen Garten an und setzte dorthin den Menschen, den er geformt hatte. Gott, der Herr, nahm also den Menschen und setzte ihn in den Garten von Eden, damit er ihn bebaue und hüte.

Dann sprach Gott, der Herr: Es ist nicht gut, dass der Mensch allein bleibt. Ich will ihm eine Hilfe machen, die ihm entspricht. Gott, der Herr, formte aus dem Ackerboden alle Tiere des Feldes und alle Vögel des Himmels und führte sie dem Menschen zu, um zu sehen, wie er sie benennen würde. Und wie der Mensch jedes lebendige Wesen benannte, so sollte es heißen. Der Mensch gab Namen allem Vieh, den Vögeln des Himmels und allen Tieren des Feldes. Aber eine Hilfe, die dem Menschen entsprach, fand er nicht.

Da ließ Gott, der Herr, einen tiefen Schlaf auf den Menschen fallen, sodass er einschlief, nahm eine seiner Rippen und verschloss ihre Stelle mit Fleisch. Gott, der Herr, baute aus der Rippe, die er vom Menschen genommen hatte, eine Frau und führte sie dem Menschen zu. Und der Mensch sprach: Das endlich ist Bein von meinem Bein und Fleisch von meinem Fleisch. Frau soll sie heißen, denn vom Mann ist sie genommen. Darum verlässt der Mann Vater und Mutter und bindet sich an seine Frau und sie werden ein Fleisch. Beide, Adam und seine Frau, waren nackt, aber sie schämten sich nicht voreinander.

▉ Impuls

Wir wohnen
Wort an Wort
sag mir

dein liebstes
Freund

meines heißt
DU

Rose Ausländer[1]

◼ Kurzauslegung

Wissen Sie, wer Ken ist?

Ken ist der farblose, unauffällige ewige Boyfriend von Barbie. Ken trägt immer die gleichen Anzüge, allenfalls mal als »Freizeit-Ken« eine Badehose. Sonst ist er der Zusatz zu Barbies Kleidungsvariationen und ihrer vielfältigen Umgebung: Gartenparty, Haus, Pferdestall oder Büro. Diese Umgebung macht erst den Reiz aus: ist sie aufgebaut, tritt Barbie auf und dann wird – je nach Budget der Eltern – auch noch ein Ken hineingestopft. So ist das auch mit anderen Spielsachen: erst das Puppenhaus, dann die Puppen, erst der Bauernhof mit seinen Tieren, zuletzt der Bauer.

Adam, das Erdwesen, der erste Mensch, kommt mir nach dem zweiten Schöpfungsbericht ein bisschen wie Ken vor. Farblos ist er – denn er ist aus Erde und hat noch kein menschliches Gegenüber, – er wird gebildet, belebt und dann gepackt und in die passende Umgebung gesetzt.

Das ist ja das Überraschende, wenn man den Text genau liest: Hatten wir nicht alle im Kopf, dass der Mensch Abschluss und Krone der Schöpfung ist, auf den hin alles geschaffen wird? Das mag im ersten Schöpfungsbericht im ersten Kapitel der Bibel so sein – Genesis 2 gibt eine ältere, urwüchsige Erzählung wieder, die eine andere Reihenfolge der Schöpfung kennt. Zuerst ist da Erde und Nebel, es wächst nichts, denn es lohnt sich nicht, dass etwas da ist, wenn niemand es pflegt. Also keine üppige, unschuldige, strahlende Natur, die glücklich ohne den Menschen schillert und gedeiht – nein, es muss erst jemand da sein, der Verantwortung übernimmt, der hegt, pflegt und bewahrt. Mit diesem Auftrag wird das erste Lebewesen geschaffen! Und dieser Auftrag ist nicht hehr und groß –

---

[1] Rose Ausländer, Wort an Wort. Aus: Dies., Im Aschenregen die Spur deines Namens. Gedichte und Prosa 1976. © S. Fischer Verlag GmbH, Frankfurt am Main 1984.

nicht als »Krone der Schöpfung« wird der Mensch geschaffen, noch nicht einmal, um Gott zu loben und ihm zu dienen, nein, um der Erde willen, damit jemand sie bewahrt und pflegt. Geschaffen werden kann erst etwas, wenn jemand da ist, um es zu bewahren – das ist die Größe des Menschen. Er ist nicht als krönender Abschluss geschaffen, um die Schöpfung zu genießen oder zu beherrschen, sondern wird als ihr Pfleger in sie hineingestellt – das macht seine Demut aus.

Eben hat das Erdwesen seinen ersten Atemzug getan und sonst den Mund gehalten, da wird es schon gepackt und in einen Garten gesetzt wie Ken in den Bungalow mit Swimmingpool.

Der Garten Eden – das ist ein eingegrenzter, gestalteter Bezirk innerhalb einer weiteren Schöpfung, die nicht näher beschrieben wird. Hier kann das Erdwesen arbeiten, wachsen und lernen. Aber Adam ist nicht Ken, der irgendwo hingestellt wird und dann dauerlächelnd dort stehen bleibt. Er ist auch kein Riesenspielzeug, das in schöne Umgebung verpflanzt und dann beobachtet wird, was es jetzt wohl macht. Adam ist nicht nur verantwortlich für die Pflege des Gartens, er ist, und dies wird als Gedanke Gottes geschildert, unfähig zur Einsamkeit und angewiesen auf ein Gegenüber und Hilfe. Die alsbald geschaffenen Tiere können kein Gegenüber sein. An ihnen übt der Mensch seine Sprachfähigkeit. Sprache und Definitionsmacht – das wird oft als ein Kriterium des Menschseins gedeutet. Je nach politischer Einschätzung wird der biblischen Tradition dann die Schuld an allen Machtexzessen des Menschen gegen die Natur zugeschoben oder die hohe Würde des Menschen gefeiert. Adam in unserem Text meistert die Aufgabe nicht mit Stolz, sondern mit gekonnter Gelassenheit und einer gewissen Wehmut: was man beherrscht, kann kein Gegenüber und keine Hilfe sein. Nicht seine Schöpferkraft und die Fähigkeit, den Garten zu bebauen, definieren den Menschen, nicht seine Sprachfähigkeit, sondern sein bleibendes Angewiesensein auf Hilfe und ein Gegenüber. Und es wird als Gottes eigene Erkenntnis hervorgehoben, dass selbst Gott als Gegenüber nicht genügt. Gott ist nicht eifersüchtig, er nimmt sich sogar selbst zurück, denn der Mensch braucht einen anderen Menschen. So wird als Gegenüber ein Mitmensch, die Frau geschaffen. Fein, sagten die Patriarchen aller Zeiten, da steht es doch schwarz auf weiß: die Frau ist die Gehilfin des Mannes! Davon weiß nur unser Text nichts: es geht in ihm darum, dass der Mensch notwendig auf ein Gegenüber, auf Menschen aus Fleisch und Blut angewiesen ist. (Dass das Erdwesen Adam sein Gegenüber gleich mit der neu erworbenen Fähigkeit der Sprachfähigkeit begrüßt und sich im Hebräischen als »isch« von der weiblichen »ischa« als der »anderen« absetzt, ist ein anderes Kapitel).

Mensch sein heißt, auf Hilfe angewiesen sein. Nun ist der Text vor 3000 Jahren aufgeschrieben worden oder vermutlich noch älter. Er entstammt deutlich dem Hintergrund einer bäuerlichen Kultur, die vom Acker abhängig war. »Adam« heißt das erste Lebewesen, weil es aus *adama*, dem Mutterboden, geformt ist. Von solch einem Verständnis sind wir heute weit entfernt. Wir lassen uns auch nicht einfach irgendwohin versetzen, und sei es ins Paradies. Größtmögliche Wahlfreiheit an Lebensentwürfen und Selbstbestimmung sind heutige Errungenschaften und Werte. Unser Schicksal sind wir. Aber für das Paradies sind wir nach wie vor zuständig – wenn auch wir definieren, was Paradies ist.

Im Alltag sieht dieser Anspruch dann so aus, dass wir manchmal in Situationen geraten, in ihnen plötzlich drinstecken, wie Adam im Garten oder Ken im Puppenhaus, nur dass es nicht so schön ist. Wer hat uns nur dahingesteckt: das Schicksal oder wir selbst (modern: Karma oder genetische Veranlagung)? Das »Warum« ist eigentlich egal, denn Tatsache ist, dass wir plötzlich feststecken: Da sind die Kinder aus dem Haus und jetzt wäre endlich Zeit gewesen, endlich wieder zu malen oder Reisen zu machen, da wird die Mutter pflegebedürftig. Der Sohn hat eine Fünf in Mathe, nicht weiter tragisch, aber dann muss die Mutter für längere Zeit ins Krankenhaus. Die junge Frau hat davon geträumt, Kinder und Beruf zu vereinbaren, das muss doch heute locker möglich sein, und jetzt sitzt sie erschöpft und isoliert und überfordert in der Zweizimmerwohnung, findet keine Arbeit und immer weniger Verständnis für die kleine Tochter. Was ist bloß aus unseren Paradiesen geworden – den Ehen, Familien, dem Beruf oder der Lebensaufgabe – wir haben sie doch so eifrig gepflegt?

In solche Lage hineingesteckt können Menschen wie Adam im Garten versuchen, ihre Umgebung zu gestalten. Es kann ihnen helfen, ihre Situation in Worte zu fassen und auszusprechen. Vor allem aber brauchen sie Hilfe durch andere Menschen. Das klingt so banal, das weiß doch jede und jeder. Aber wer gibt das gerne zu? Hilfe brauchen heißt doch Schwäche. Was denken die Nachbarn, wenn da jemand Fremdes zu mir ins Haus kommt, weil ich selbst nicht mehr zurechtkomme? »Selbstbestimmung« und »Unabhängigkeit« sind heute solch hohe Werte geworden, dass kranke abhängige Menschen als »Pflegefälle« gelten, sich manche wünschen, eher zu sterben als einmal »zur Last zu fallen«. Aber Menschsein definiert sich nach biblischem Zeugnis von Anfang an durch aufeinander Angewiesensein. Das gilt nicht nur für Mann und Frau, sondern für alle Menschen und Mitmenschen, besonders für die Glieder am Leib Christi. »Ein Kind, nach dem seine Mutter nicht sieht, kann nicht gedeihen, es sei denn, jemand tritt an die Stelle der Mutter; ein Kind, dessen sich niemand annimmt, verwahrlost und verkommt, oder es vergeht; und an den Folgen von zu wenig Annahme und liebloser, gleichgültiger Annahme leiden Menschen ein Leben lang, denn davon, dass sie angenommen werden, dass sie liebevoll angeblickt werden und im Guten und zum Guten ihrer gedacht wird, davon gedeihen Menschen, nicht nur Kinder, sondern auch Erwachsene, Junge und Alte, Kranke und Gesunde, Müde und Mutige.«[2]

Gott will uns nicht als Marionetten – des Schicksals, »der Gesellschaft«, unserer eigenen Fehlentscheidungen – nicht als zierendes, makelloses Beiwerk wie Ken, sondern als ihr Leben gestaltende und pflegende Menschen, die nicht alleine sind. Aber wir sind doch, wie nicht nur eifrige Bibelleser/innen wissen, längst raus aus dem Paradies! Was davon aber bleibt, sind nicht eine vermeintliche paradiesische Unschuld, keine exotischen Früchte und freundlichen Tiere, sondern: dass wir Hilfe und ein Gegenüber brauchen. Dies Gegenüber kann ein anderer geliebter Mensch sein, die Familie, aber auch die Nachbarschaft, die Gemeinde und auch Hilfsdienste wie die Familienpflege. »Es ist nicht gut, dass der Mensch allein sei« – das ist Anspruch, Gebot und Verheißung seit der Schöpfung her. Ungetrübte Paradiese sind auf Dauer langweilig – Menschen brauchen Menschen – das kann Paradies genug sein.

■ Info

Genesis 2 ist der ältere der beiden biblischen Schöpfungsberichte. Er gibt keine naturwissenschaftlichen »Wahrheiten« wider, sondern fragt erzählend nach den Bedingungen des Menschseins: Warum gibt es den Menschen in der Form von Mann und Frau? Wieso leiden Menschen, wenn die Schöpfung doch gut war? Warum schämen wir uns unserer Nacktheit? Wie kam es zum Machtgefälle zwischen Mann und Frau? Und wie war der Mensch nun eigentlich gemeint?

---

[2]   Gunda Schneider-Flume, Leben ist kostbar. Wider die Tyrannei des gelingenden Lebens. Göttingen/Zürich 2002, S. 30.

II. Diesseits von Eden: Liebe und Arbeit

▉ Psalm und Lieder

Ps 8 (EG 704)
EG 417, Lass die Wurzel unsres Handelns Liebe sein
EG 499, Erd und Himmel sollen singen

18. Im Schweiße deines Angesichts

1 Mose/Genesis 3,17–19

Urte Bejick

▋ Text

Zu Adam sprach er: Weil du auf deine Frau gehört und von dem Baum gegessen hast, von dem zu essen ich dir verboten hatte: So ist verflucht der Ackerboden deinetwegen. Unter Mühsal wirst du von ihm essen alle Tage deines Lebens.
Dornen und Disteln lässt er dir wachsen und die Pflanzen des Feldes musst du essen.
Im Schweiße deines Angesichts sollst du dein Brot essen, bis du zurückkehrst zum Ackerboden; von ihm bist du ja genommen. Denn Staub bist du, zum Staub musst du zurück.

▋ Impuls

»Hinter diesem Wort ›Marktwert‹ verbirgt sich der endgültige Angriff auf das Eigene des Menschen. Die Umgestaltung des Menschen folgt der Umgestaltung der Produktion. Das starre tayloristische System, das in der Fließbandarbeit seinen Ausdruck fand, ist am Ende. (...) An die Stelle treten kooperative Arbeitsformen. Kreativität und Engagement der Angestellten sind jetzt gefragt. Der Einsatz für die Unternehmensziele wird zur quasi-religiösen Pflicht der einzelnen Mitarbeiter. Darum ist vom Marktwert die Rede, der Markt ist die Brechstange, mittels derer die inneren Barrieren der Individuen aufgebrochen werden, um an die menschlichen Ressourcen zu gelangen.
Vielleicht entscheiden sich unsere Nachkommen ja ganz anders: (...) Warum soll nicht in einer vom Geld dominierten Lebenswelt plötzlich das Contra anfangen zu leuchten und Kräfte entfalten? Ein Contra, das auf Freundschaften

II. Diesseits von Eden: Liebe und Arbeit

statt auf Beziehungen, das auf Geben statt Nehmen setzt, das den Nächsten und nicht den Konkurrenten entdeckt? Das kann passieren. Erwarten wir es.«

Reimer Gronemeyer[3]

Kurzbetrachtung

Früher war alles besser. Und noch früher war alles noch besser.

Das Bedürfnis, die Gegenwart aus ferner Vergangenheit zu erklären, ist alt. »Warum müssen Menschen eigentlich arbeiten?« ist solch eine Frage. Eine der ältesten Geschichten erzählt vom aus Erde geformten Urmenschen Adam und seiner Frau Eva. Beide lebten mit den Tieren in harmonischer Eintracht im Garten Eden und ernährten sich von Früchten, die ganz ohne ihr Zutun wuchsen. Ihnen war aufgetragen, diesen Garten zu bebauen und zu bewahren, leichte Gartenarbeit eben, wenig kräftezehrend und beschaulich. Vielleicht zu beschaulich, denn der Mensch begann sich zu langweilen. Wie sonst ließe sich erklären, dass er sich auf eine Diskussion mit einem Reptil, einer Schlange, einließ? Die Folgen sind bekannt: Ein Baum wurde geplündert und Menschen und Reptil zur Strafe aus dem Garten verbannt. Mit der gesunden Ernährung und Gärtnerei war es auch vorbei.

»Im Schweiße deines Angesichts sollst du dein Brot essen, bis du zurückkehrst zum Ackerboden; von ihm bist du ja genommen. Denn Staub bist du, zum Staub musst du zurück.«

Arbeit wird hier als Lebensäußerung des Menschen beschrieben und als Fluch: als Ackern auf steiniger, trockener, unfruchtbarer Erde. Seitdem haben Menschen immer wieder versucht, wenigstens einen Fuß wieder in die Tür des Paradieses zu bekommen, zumindest aber die Mühsal der Arbeit zu erleichtern. Die Metallhacke, der Pflug, Ochsen- und Pferdegespanne, der Traktor, die Erntemaschine – alles dies, um die harte Arbeit zu lindern, den kargen Ertrag zu steigern. Heute sind wir dem sogenannten technischen Fortschritt gegenüber skeptisch geworden oder müde, aber vor nicht 200 Jahren standen Menschen mit offenen Mündern vor Dampfmaschinen, wurden Hymnen zum Lob des Traktors gedichtet. Vielleicht erinnern Sie sich an die Sozialreportagen von

---

[3] Reimer Gronemeyer, Marktwert. In: Klaus Hofmeister/Lothar Bauerochse, Hrsg., Machtworte des Zeitgeistes. © Rechte beim Autor.

Günther Wallraff in den 70er Jahren: Harte körperliche Arbeit kann krank, alt, müde machen. Und Menschen haben immer wieder versucht, diesen Fluch der Arbeit zu brechen. Und haben die beneidet, die nicht zu arbeiten brauchten. In meiner Jugend waren das Playboys wie Gunther Sachs (aber auch die waren nicht immer glücklich, berichtete die BUNTE), heute sind die Neidobjekte etwas tiefer gehängt: die sogenannten Mallorcarentner etwa oder Arbeitslose, die angeblich staatliche Leistungen auf Ibiza verbraten. In Wirklichkeit hat uns das, was Erleichterung und ein Stück Paradies schaffen sollte, längst überholt. Technischer Fortschritt lässt uns heute Lebensmittel und Gebrauchsgegenstände im Überfluss produzieren, aber die Erde ist nicht zum Garten Eden rückgewandelt, sondern zur Müllkippe geworden und die Schlange hat sich auf die Liste der bedrohten Arten setzen lassen. Für viele Arbeitsgänge ist menschliche Arbeit nicht mehr erforderlich. Immer mehr Menschen werden daher nicht mehr gebraucht. Nur: ihr Leben in wochen-, monate-, jahrelanger Arbeitslosigkeit ist nicht paradiesisch, auch wenn das Sensationsartikel hin und wieder behaupten. Dies liegt nicht nur an der geringen finanziellen Unterstützung und ihrer finanziellen Lage – Arbeit heißt eine feste Tagesstruktur, etwas schaffen und bewirken, Kontakt zu Menschen, nicht nur auf sich selbst konzentriert sein müssen. Natürlich können Menschen dies auch durch Werkeln im Schrebergarten oder ein Ehrenamt erreichen – aber zur echten, als befriedigend erlebten Arbeit gehört eben auch ihr Zwang oder Fluch. Der Traum, sein Leben am Swimmingpool verbringen zu können, träumt sich eben nur gut, wenn man ihn an der Werkbank, im Büro, im Supermarkt träumt.

Leicht ist das Paradies nicht zu haben. Und vielleicht meldet sich – jetzt in der Bilderwelt der Bibel gesprochen – im Menschen eine Erinnerung an den Auftrag im Garten Eden: Pflegen und Bewahren des Geschenkten war die ursprüngliche Bestimmung des ersten Menschen und daneben die Erkenntnis: Es ist nicht gut, dass der Mensch allein sei. Leben kreativ gestalten, das Geschenkte bewahren, Gemeinschaft erfahren – das ist nach der Urgeschichte der Bibel im Menschen angelegt, das heißt aber auch: Entfaltung in schöpferischer Arbeit und Teilhabe darf ihm nicht verwehrt werden.

Jetzt ist die Schlange ratlos, was sie denn da mit ihrem philosophischen Diskurs ausgelöst hat: Massenhafte Produktion hat Hunger und Armut nicht beseitigt, sondern die Herstellung von Waren hat die Arbeit selbst zur Ware werden lassen. »Pflegen und Bewahren« zählt, solange es sich »lohnt«, wird aber am besten ehrenamtlich oder familiär erbracht und gilt nicht als »Arbeit«. Das Herstellen hässlicher rosa Plastikfiguren, die in Schokoladeneier gegossen werden, gilt als

Produktion, die Versorgung dementer alter Menschen »zu Hause«, nächtliches Wachen, um wandernde Kröten zu sichern, Nöte von Kindern anhören, bevor dies gegen Bezahlung beim Kinderpsychologen nötig ist, gilt als nicht-produktiv und dient allenfalls der »Ehre«. Viele Menschen müssen noch ihr Brot »im Schweiße ihres Angesichtes« erwerben, auf ausgelaugten Böden, in Minen und Sweatshops mit drei oder vier Jobs, die gerade zum Leben reichen. Ebenso vielen anderen bricht der Schweiß vor Angst aus, ihre Arbeit zu verlieren, weil sie gemobbt werden, weil die Tochter jetzt bereits die vierzehnte erfolglose Bewerbung geschrieben hat, weil das Leben nach der Pensionierung so eintönig ist, weil sie sich abgehängt und nicht gebraucht fühlen. Unsere Gesellschaft ist segmentiert in die, die angemessen Arbeit haben und die, die keine haben bzw. deren Arbeit zum Lebensunterhalt nicht reicht.

Auch die Bibel gibt aus 3000-jähriger Tradition keine Sozialrezepte für heute, sondern will den Doppelcharakter der Arbeit dokumentieren. Und doch enthält sie einen Hauch aus der Paradieswelt: dass die Arbeit des Menschen dem Pflegen und Bewahren dient und dass der Mensch nicht allein sei.

»Spinnkram, Sozialromantik!« – die Schlange meldet sich jetzt doch noch mal zu Wort. Aber wir können ihr zumindest an diesem heutigen Morgen antworten: Sollte Gott gewollt haben, dass, wer arm ist, dies auch bis Kind und Kindeskind bleibt, ohne Hoffnung auf Ausstieg, wenigstens für die Kinder? Was nutzt immer mehr Produktion, wenn sie Armut nicht beseitigt, sondern der Gewinn nur wenigen zugute kommt? Soll Reichtum nur auf einige Shareholder verteilt werden? Ist »Bewahren, Aufbauen, Pflegen« nicht förderlicher als immer mehr nicht Lebensnotwendiges zu produzieren? Die Verteilung von Armut und Reichtum ist weder göttliches Gesetz noch genetisch-evolutionsmäßig bedingt, wie die neuen Mythenerzähler uns glauben machen wollen. Der »Markt« richtet auch nichts, was er verwüstet hat – politische und wirtschaftliche Strukturen sind von Menschen gemacht und änderbar. Da ist etwas zu machen, auch wenn es im Schweiße des Angesichtes, mit Opfern und vielen Steinen im Acker verbunden ist. »Jaha,« wendet die Schlange ein, »aber sollte Gott gesagt haben ...?« Hat er:

»Wenn du der Unterdrückung bei dir ein Ende machst, auf keinen mit dem Finger zeigst und niemand verleumdest, dem Hungrigen dein Brot reichst und den Darbenden satt machst, dann geht im Dunkel dein Licht auf und deine Finsternis wird hell wie der Mittag.«
(Jes 58, 9–10).

■ Info

Ein wichtiges Detail: Laut Gen 3,17 liegt der Fluch nicht auf der menschlichen Arbeit, sondern auf dem schwer zu bestellenden Acker.

■ Psalm und Lieder

Ps 63 (EG 729)
EG 440/GL 666, All Morgen ist ganz frisch und neu
EG 444, Die güldene Sonne bringt Leben und Wonne
EG 497, Ich weiß mein Gott, dass all mein Tun

19. Die Arbeiter im Weinberg

Matthäus 20,1–16

Johannes Stockmeier

■ Text

Denn mit dem Himmelreich ist es wie mit einem Gutsbesitzer, der früh am Morgen sein Haus verließ, um Arbeiter für seinen Weinberg anzuwerben. Er einigte sich mit den Arbeitern auf einen Denar für den Tag und schickte sie in seinen Weinberg. Um die dritte Stunde ging er wieder auf den Markt und sah andere dastehen, die keine Arbeit hatten. Er sagte zu ihnen: Geht auch ihr in meinen Weinberg! Ich werde euch geben, was recht ist.

Und sie gingen. Um die sechste und um die neunte Stunde ging der Gutsherr wieder auf den Markt und machte es ebenso. Als er um die elfte Stunde noch einmal hinging, traf er wieder einige, die dort herumstanden. Er sagte zu ihnen: Was steht ihr hier den ganzen Tag untätig herum? Sie antworteten: Niemand hat uns angeworben. Da sagte er zu ihnen: Geht auch ihr in meinen Weinberg! Als es nun Abend geworden war, sagte der Besitzer des Weinbergs zu seinem Verwalter: Ruf die Arbeiter, und zahl ihnen den Lohn aus, angefangen bei den letzten, bis hin zu den ersten.

Da kamen die Männer, die er um die elfte Stunde angeworben hatte, und jeder erhielt einen Denar. Als dann die ersten an der Reihe waren, glaubten sie, mehr zu bekommen. Aber auch sie erhielten nur einen Denar. Da begannen sie, über den Gutsherrn zu murren, und sagten: Diese letzten haben nur eine Stunde gearbeitet, und du hast sie uns gleichgestellt; wir aber haben den ganzen Tag über die Last der Arbeit und die Hitze ertragen.

Da erwiderte er einem von ihnen: Mein Freund, dir geschieht kein Unrecht. Hast du nicht einen Denar mit mir vereinbart? Nimm dein Geld und geh! Ich will dem letzten ebenso viel geben wie dir. Darf ich mit dem, was mir gehört, nicht tun, was ich will? Oder bist du neidisch, weil ich (zu anderen) gütig bin? So werden die Letzten die Ersten sein und die Ersten die Letzten.

▌ Impuls

Frau L. arbeitet seit sechs Jahren am gleichen Arbeitsplatz in einer Lebensmittelfabrik. Sie erhält rund ein Drittel weniger Lohn als ihre Kolleginnen, mit denen sie im Team arbeitet. Ihr Grundlohn, den sie von der Leiharbeitsfirma erhält, ist deutlich niedriger. Außerdem hat sie auch keinen Anspruch auf betriebliche Zulagen wie ihre fest angestellten Kolleginnen. »Da bleibe ich wohl für immer Arbeiterin zweiter Klasse! Obwohl ich genauso viel leiste wie meine Kolleginnen«, sagt sie. Sie hat keine Chance auf eine Übernahme, keine Arbeitsplatzsicherheit und keine Aussicht auf einen höheren Lohn. Mit dem niedrigen Lohn kann sie ihren Lebensunterhalt nicht bestreiten und hat deshalb Schulden. Die täglichen Geldsorgen belasten die Beziehung zu ihrem Partner.[4]

▌ Kurzauslegung

Empörend: Bettler erst zu Luxusbuffet geladen, dann rausgeworfen! Er trug billige Kleidung!
Bestürzend: Braver Sparer vom Fiskus bestraft! Sein sorgsam Gespartes bekam Börsenspekulant!
Skandal: Betrügerischer Manager sichert sich durch Bestechung Spitzengehalt!

Mit diesen Schlagzeilen sind wir mitten im Bild – der Bildwelt der biblischen Gleichnisse. Immer wieder werden da gesellschaftliche Ungerechtigkeiten, wirtschaftliche Betrügereien als Bildquelle herangezogen: das Gleichnis von der königlichen Hochzeit, bei der ein Bettler aufgrund seiner schlechten Kleidung des Saales verwiesen wird, das Gleichnis von den anvertrauten Pfunden, wo der, der hat, immer noch mehr bekommt, das Lob auf einen betrügerischen Verwalter.[5]
Da geht es kalt, raffiniert, ungerecht zu.
Und in diesen Rahmen gehört die aktuelle Meldung:
»Gleicher Lohn für alle eingeführt! Lohnt Leistung sich nicht mehr? Massenabwanderung von Fachkräften befürchtet. Börse reagiert nervös.«

---

4   Kirchlicher Dienst in der Arbeitswelt, Hrsg., Leiharbeit auf dem Prüfstand. Hannover 2009, S. 4.
5   Mt 22, 1–14; Mt 25, 14–30; Lk 16, 1–9.

Ich stelle mir vor, dass auch die Hörerinnen und Hörer des Gleichnisses Jesu irritiert waren – immerhin geht es da um die Willkür eines Arbeitgebers, der aufgrund der Not der Arbeit suchenden Leute machen kann, was er will. Jedem der gleiche Lohn, das klingt gut, aber ist das wirklich gerecht? Acht Stunden im Weinberg, den schmerzenden Rücken, die aufgesprungenen Hände, den Kopfschmerz von zu viel Mittagssonne, die verdreckte Kleidung – das diskutiert man nicht weg. Für einen Apfel und ein Ei – gerade mal den Lebensunterhalt arbeiten – und so ein Eckensteher, der viel später kommt, wenn es schon schattig ist, und früher geht, weil er nicht auch noch um Lohn Schlange stehen muss, bekommt genau soviel! Mit unserer Verfassung, die im Gleichheitsgrundsatz verlangt, dass Gleiches gleich und Ungleiches ungleich behandelt wird, wäre das Vorgehen des Weinbergbesitzers kaum vereinbar.

Gerecht? Da wirft unser Text neben einer einfachen Antwort doch Fragen auf. Gerecht? Mit den ersten Arbeitern macht der Besitzer noch einen Tarif aus, aber den späteren sagt er zu: »Ich will dir geben, was gerecht ist.« »Dikaion« heißt es im griechischen Original. Und das bedeutet in der biblischen Sprache eben nicht: angemessen, leistungsbezogen, ausgewogen oder von ausgleichender Gerechtigkeit, sondern umfassendes Heil für alle Menschen auch für die Schwächsten und Ärmsten. Das, was Menschen am Leben erhält. Denn im Gleichnis geht es nicht um eine sozialpolitische Stellungnahme »Was würde Jesus heute dazu sagen?«, sondern um die überraschende, paradoxe Heilsökonomie Gottes! Und die hat nichts mit Moral, Vergleich, Verhandelbarkeit zu tun, sondern ist mit Güte verschwistert. Gott kann und will immer nur alles geben – da gibt es kein weniger oder mehr.

Dann hat unser Gleichnis also gar nichts mit Politik zu tun? Es geht zunächst um den »Weinberg Gottes« und die Menschen, die sich dort mehr oder weniger abrackern, und den himmlischen Lohn. So wird das Gleichnis oft ausgelegt. Aber Vorsicht – es nutzt ja ganz bewusst Bilder aus Gesellschaft und Wirtschaft. In diesen ganz und gar irdischen Bildern, in denen man den Schweiß der Arbeiter riecht, ihre verschmutzten Hände vor sich sieht, mit ihnen Schlange steht, inkarniert sich die ganz andere Wirklichkeit Gottes. Und das hat Folgen für die unsere.

Das Gleichnis orientiert sich an sehr armen, abhängigen Menschen: Tagelöhner, die darauf angewiesen sind, dass jemand sie stundenweise zur Weinernte, zum Spargelstechen, Erdbeerpflücken mietet. Sie sind auf die sofortige Zahlung ihres Lohnes angewiesen, der gerade mal für einen Tag zum Leben reicht. Sie kommen den Gutsbesitzer billiger als Sklaven, für deren Verköstigung, Unterkunft, Kleidung und Versorgung in Krankheit und Alter er aufkommen muss. Ein arbeitsloser Tagelöhner ist in seiner ganzen Existenz gefährdet. »Es soll des Tagelöhners Lohn nicht bei dir bleiben bis zum Morgen!« (3 Mos 19, 13), gebietet das Alte Testament und begründet dieses Gebot mit der Heiligkeit Gottes. Die Sicherung der Lebensgrundlage der Armen, das Recht der Entrechteten – dies ist es, was die Bibel immer wieder einklagt.

Die schwächsten Glieder einer Gesellschaft als Maßstab? John Rawls empfiehlt in »Eine Theorie der Gerechtigkeit« das Gedankenspiel, sich eine Gesellschaft und Gesetzgebung vorzustellen, in der man selbst möglicherweise einer der Ärmsten und Schwächsten ist. Orientiere dich an den Ärmsten – du könntest darunter sein (in Zeiten von Hartz IV ist dies gar nicht so abwegig). »Schön und gut«, sagen die Arbeiter der ersten Stunde, »sollen die doch ihren Lebensunterhalt bekommen. Aber uns steht einfach mehr zu.« Gott kann immer nur alles geben – aber unsere irdischen Mittel sind begrenzt, wir müssen Maßstäbe finden, was gerecht ist und abwägen. Mit einer Eins-zu-eins-Übertragung des Gleichnisses in unsere Arbeitswelt wäre niemandem gedient. Aber lassen wir uns von dem Gleichnis doch einmal den Blick lenken. Der wird schief, wenn Gerechtigkeit zum reinen Rechenexempel gerät und nicht mit Wohlwollen und Güte verbunden ist.

Wie sähe es aus, wenn wir wirklich das »Allgemeinwohl« im Blick hätten und nicht nur partikuläre Interessen, bei denen Jung gegen Alt, Familien gegen Kinderlose, jede beliebig wählbare soziale Gruppe gegen die andere ausgespielt werden? Wie sähe es aus, wenn das Wohl der arbeitslosen, psychisch kranken, pflegebedürftigen und sterbenden Menschen gesellschaftlicher Maßstab wäre? Wenn als gerecht gelten würde, was dem Leben dient – ganz ohne Berechnung, wer weniger oder mehr hat?

Gerechtigkeit als Wohl wollen – das Wohl aller: das wäre jede Anstrengung, jede Arbeit in kirchlichen und weltlichen Weinbergen wert!

■ Info

Über die Lage von Tagelöhnern in der Antike informiert der Klassiker: Heinz Schröder, Jesus und das Geld. Wirtschaftskommentar zum Neuen Testament. Karlsruhe 1979.

Leiharbeit heute: Kirchlicher Dienst in der Arbeitswelt, Hrsg., Leiharbeit auf dem Prüfstand. Hannover 2009.

▓ Psalm und Lied

PS 98 (EG 752)
EG 262/GL 644, Sonne der Gerechtigkeit
EG 659 (badischer Regionalteil), Die Erde ist des Herrn

20. Höflichkeit –
Die kleine Schwester der Nächstenliebe

Matthäus 5, 21–22

Urte Bejick

Text

Ihr habt gehört, dass zu den Alten gesagt worden ist: Du sollst nicht töten; wer aber jemand tötet, soll dem Gericht verfallen sein.
Ich aber sage euch: Jeder, der seinem Bruder auch nur zürnt, soll dem Gericht verfallen sein; und wer zu seinem Bruder sagt: Du Dummkopf!, soll dem Spruch des Hohen Rates verfallen sein; wer aber zu ihm sagt: Du (gottloser) Narr!, soll dem Feuer der Hölle verfallen sein.

Impuls

»Bitte schön«, sagte ich strahlend und reichte ihr eine Zeitung. »Ein kleines Geschenk.« »Oh, das kann ich nicht annehmen. Die können Sie doch verkaufen«, sagte sie leicht beunruhigt. »Behalten Sie sie, und lassen Sie sich einen Dollar dafür geben.« ... »Ich lebe vielleicht auf der Straße«, sagte ich. »Aber wenn ich nicht ab und zu jemandem etwas schenken könnte, wäre ich dann nicht ärmer, als ich tatsächlich bin?« ... Sie steht nur da und runzelt die Stirn. »Bitte«, sage ich, und inzwischen geht es mir um alles Mögliche, »erlauben Sie mir, Ihnen diese Zeitung zu schenken.« Ihr Gesicht hellt sich auf. »Warten Sie mal«, sagt sie. Sie stellt ihre Handtasche auf den Sitz neben sich und wühlt wie besessen darin herum, bis sie insgesamt siebenundneunzig Cent zusammenbekommen hat. »Bitte schön«, triumphiert sie lächelnd. Der Sieg gehört ihr.

Lee Stringer[6]

---

[6] Lee Stringer, Grand Central Winter. © Verlag Herder, Freiburg im Breisgau 1998, S. 161.

Kurzauslegung

Nicht nur die Bergpredigt, auch der jüdische Talmud sagt, dass man mit Worten verletzen kann. Einen Menschen zu beschämen sei wie Blut vergießen, was man daran sehe, dass er rot werde. Ja, aber … Liebe lässt sich doch nicht erzwingen, auch nicht durch die Bibel. Was, wenn ich meinen Nächsten im Augenblick nicht lieben kann, wenn ich am Telefon spontan denke: »Dieser Idiot hat mich wieder geärgert«? Was bleibt, wenn man selbst und die Welt einfach nicht vollkommen sein wollen? Die bescheidene Schwester der Nächstenliebe ist die Höflichkeit. Geht es in der Bergpredigt um sie? Nein, um Ehrlichkeit, dass das Innere eines Menschen mit dem Äußeren übereinstimme, dass er »einfach« oder, wie wir heute sagen würden, »authentisch« sei. Nun ist das mit der Ehrlichkeit so eine Sache. Es gibt immer wieder Menschen, die »sagen, was sie denken«. Sie stellen fest, dass der neue Pullover an einem einfach furchtbar aussieht. Sie fragen, ob man denn zugenommen habe. Jetzt müsse man aber langsam aufpassen … Ich mag diese Menschen nicht. Mir wäre eine höfliche Lüge lieber als eine brutale Wahrheit.

Steht also Ehrlichkeit gegen Höflichkeit? »Höflich« heißt »wie bei Hofe«. »Höflichkeit« ist eine revolutionäre Tugend, denn nach der französischen Revolution wollte das aufstrebende Bürgertum die Höflichkeit, die adligen Manieren für sich in Anspruch nehmen. Fest damit verbunden ist der Name des Freiherrn von Knigge, den sich mancher heute als Benimmpapst und strohtrockenen Höfling vorstellt. Weit gefehlt! Der muntere Freiherr, der selbst oft im Amt und auf Gesellschaften durch ungezwungenes Verhalten aneckte, galt als Revolutionär und Jakobiner. »Der Knigge« hat daher auch nichts damit zu tun, wie man einen Hummer zerlegt, ohne dass er vom Teller rutscht oder wie man ein Prada-Täschchen gekonnt schwenkt, sondern heißt ursprünglich: »Vom Umgang mit Menschen«. Es geht darin um Höflichkeit als Ausdruck gegenseitiger Achtung. »Der Knigge« war eine Revolutionsschrift!

Und was hat das jetzt mit der Bergpredigt zu tun? Sehr viel. Der Theologe Gerd Theißen hat in seiner soziologischen Analyse der Jesusbewegung herausgestellt, dass die frühen Christen eine aristokratische Ethik für sich in Anspruch nahmen. Für einen König, einen Adligen galten in hellenistischer Zeit Gerechtigkeit und Barmherzigkeit als Kardinaltugenden. Und genau darum, um Barmherzigkeit und Gerechtigkeit, geht es in der Bergpredigt bzw. in der Feldpredigt bei Lukas. Die Bauern, die Fischer, die Steuereinnehmer, die Prostituierten – sie können Könige und Königinnen sein! Nicht, indem sie sich an der Adelsberichtserstattung der GALA orientieren, sondern an dem einen himmlischen König. Ein königliches Leben heißt: großzügig sein, auch mal auf seinen Vorteil, sein gutes Recht verzichten, zu den eigenen Grenzen stehen.

Nicht immer funktioniert das mit dem königlichen Lebensgefühl. Was bleibt, wenn man selbst und die Welt einfach nicht vollkommen sein wollen?

Die Vergebung, immer und immer wieder – für sich selbst und andere;

der Humor, der ja eigentlich eine Trauerreaktion ist, weil einfach nichts perfekt ist,

und die Höflichkeit. Höflich sein heißt, so tun als ob.

Als ob ich meinen Nächsten lieben würde. Als ob ich friedlich wäre. Ist Höflichkeit deshalb heuchlerisch und verlogen?

Der Theologe Fulbert Steffensky schreibt dazu:

»Ich stelle mir vor, ich gehe mit einem Kollegen durch die Tür. Vielleicht halte ich ihn für einen Esel. Vielleicht hatte ich gerade Streit mit ihm. Und doch bin ich höflich und lasse ihm den Vortritt, als wir an der Tür sind. Lüge ich? Ist meine Höflichkeit eine verdorbene Geste? Tatsächlich tue ich etwas, was meinem Herzen oder zumindest meiner augenblicklichen Stimmung nicht entspricht. Zwiespältig bin ich. Die Gebärde ist im Augenblick menschlicher als ich selber. Aber es ist meine Gebärde. Und wenn ich sie setze, dann bin ich mir in ihr selbst voraus.

Nicht jede Form der Höflichkeit muss aus dem Herzen fließen. Dazu ist unser Herz zu schwach und die Menschen sind manchmal zu grässlich für so viel Zuneigung. Zunächst genügt die kleine Geste und die eingehaltene Regel der Höflichkeit. Und trotzdem ist jede Form der Höflichkeit und der Wahrnehmung der anderen wie ein kleines Liebesspiel. (…)

Eine solche Geste schafft Heiterkeit für einen ganzen Tag. Selbst wenn die Geste der Höflichkeit nicht aus dem Herzen kommt, so bildet sie doch das Herz. Manchmal sind solche Gesten ja klüger als das Herz und bauen an seiner Güte. Sie üben das Herz ein in der wundervollen Tugend der Großmut.«[7]

Gott teilt nach den Worten der Bergpredigt aus der Schatzkammer seiner Güte aus. Höflichkeit ist Güte mit dem Teelöffel verteilt. Oder dem Esslöffel. Das scheint wenig. Aber es sind ja gerade die kleinen Gesten, die große Träume und Visionen zum Scheitern oder Gelingen bringen. Deshalb, glaube ich, legt die Bergpredigt auch solch ein Gewicht auf das Kleine: das böse Wort, die Anmaßung, die Kleinlichkeit. In der Diakonie erfahren wir das doch: Ein Pfle-

---

[7]   Fulbert Steffensky in: Kalender »Der andere Advent« 1998, © Rechte beim Autor.

geheim mag zertifiziert sein, ein Leitbild haben, in dem das »christliche Menschenbild« beschworen wird. Dabei kommt es in der Pflege doch darauf an, wie wir mit Menschen in ihrer Nacktheit, in ihrer Unfähigkeit, sich selbst anzukleiden, zu essen, auf die Toilette zu gehen, umgehen. Wie wir ihnen Beschämung ersparen. Vielleicht deshalb wünschen sich laut Umfragen die meisten alten Menschen im Heim an erster Stelle Freundlichkeit und Höflichkeit. Höflichkeit ist Nächstenliebe in kleinen Münzen. Höflichkeit ist Praxis der Bergpredigt für alle die, die es nicht schaffen mit der Vollkommenheit. Aber wir können so leben, als ob wir gütig wären, als ob Barmherzigkeit und Großzügigkeit unter Menschen gang und gäbe wären, als ob wir Könige und Königinnen wären. Wenigstens ab und zu.

▮ Info

Zu den aristokratischen Werten des Christentums: Gerd Theißen, Die Religion der ersten Christen. Eine Theorie des Urchristentums. Gütersloh 2003.

▮ Psalm und Lieder

Ps 51 (EG 730)
EG 412, So jemand spricht: Ich liebe Gott
EG 667, Selig seid ihr

III. Anpacken!
Diakonie hautnah

21. Glaube und Werke
Jakobus 2,12–18.26

Urte Bejick

▮ Text

Darum redet und handelt wie Menschen, die nach dem Gesetz der Freiheit gerichtet werden. Denn das Gericht ist erbarmungslos gegen den, der kein Erbarmen gezeigt hat. Barmherzigkeit aber triumphiert über das Gericht.
Meine Brüder, was nützt es, wenn einer sagt, er habe Glauben, aber es fehlen die Werke? Kann etwa der Glaube ihn retten? Wenn ein Bruder oder eine Schwester ohne Kleidung ist und ohne das tägliche Brot und einer von euch zu ihnen sagt: Geht in Frieden, wärmt und sättigt euch!, ihr gebt ihnen aber nicht, was sie zum Leben brauchen – was nützt das?
So ist auch der Glaube für sich allein tot, wenn er nicht Werke vorzuweisen hat. Nun könnte einer sagen: Du hast Glauben und ich kann Werke vorweisen; zeig mir deinen Glauben ohne die Werke und ich zeige dir meinen Glauben aufgrund der Werke. Denn wie der Körper ohne den Geist tot ist, so ist auch der Glaube tot ohne Werke.

▮ Impuls

»Mit jedem Menschen ist etwas Neues in die Welt gesetzt, was es noch nicht gegeben hat, etwas Ernstes und Einziges. (Ein galizischer jüdischer Prediger sagte:) ›Pflicht ist es, jedermanns in Israel zu wissen und zu bedenken, dass er in der Welt einzig in seiner Beschaffenheit ist, und es ist noch kein ihm Gleicher auf der Welt gewesen, denn wäre schon ein Gleicher auf der Welt gewesen, so brauchte er nicht auf der Welt zu sein. Jeder Einzelne ist ein neues Ding auf der Welt, und er soll seine Eigenschaft in der Welt vollkommen machen.‹«

Martin Buber[1]

---

[1]   Martin Buber, Ich und Du. © 2001, Gütersloher Verlagshaus, Gütersloh, in der Verlagsgruppe Random House GmbH.

◼ Kurzauslegung

Sie kennen sicher auch die obligatorische Frage bei der Anmeldung in Tagungshäusern. »Vegetarisches Essen erwünscht?« fragen die Formulare und stellen mich vor ein Problem. Eigentlich »ja«, aber das lässt befürchten dass zum Mittagessen ein »Bratling«, »Ökoburger« oder wie es sonst noch phantasievoll genannt wird, serviert wird. Ein Fleischersatz, der nach nichts schmeckt. Mag sich die Kochkunst in letzter Zeit auch gewandelt haben, ich habe diese Burger als trocken, fade und strohig in Erinnerung.

Sie sind für mich zu einem Symbol für eine Haltung geworden, die zwar wünschenswert, vorbildlich und gut und recht ist, aber: Es schmeckt einfach nicht so recht. Etwas Ähnliches hatte Martin Luther – der viel zu gerne gut aß – wohl im Sinn, als er den Jakobusbrief eine »stroherne Epistel« nannte. Luther zählte für Menschen, die gerne wissen wollten, was denn der christliche Glaube und was denn in der Bibel am lesenswertesten sei, nämlich auf: das Johannesevangelium und die Johannesbriefe, die Briefe des Paulus, die von der Barmherzigkeit Gottes und der christlichen Freiheit reden – die christlichen Pralinen sozusagen. Und dann gibt es noch das Stroh, wozu der Jakobusbrief zählen soll. Wie Kraut und Rüben zusammengestoppelt, schimpft Luther, einfach strohern. Aus Stroh: Das brennt leicht und hat keinen Bestand, das sticht, das hat im Gegensatz zum Weizen keinerlei Nährwert. Wie kommt Luther zu diesem Verdikt über ein Werk, das ein anonymer Autor unter dem Namen des Jakobus, also des jüngeren Bruders Jesu, zusammengestellt hat?

Meine Brüder (und Schwestern), was nützt es, wenn einer sagt, er habe Glauben, aber es fehlen die Werke? Kann etwa der Glaube ihn retten?
Denn wie der Körper ohne den Geist tot ist, so ist auch der Glaube tot ohne Werke.

»Der Glaube allein kann nicht retten« – das schmeckte Luther ganz und gar nicht. Widerspricht es doch der Grundannahme, dass der Mensch nichts, aber auch gar nichts für sein Heil tun kann und allein die Gnade Gottes den Menschen gerecht macht. Und lauert nicht hinter den gut gemeinten Ratschlägen des »Jakobus« der Selbstgerechte, der nicht raucht, nicht trinkt, immer fleißig und unauffällig ist und nicht so wie »die«. Ein echter Ökoburger halt, den man zugunsten der christlichen Korrektheit trotz des faden Geschmacks herunterschlingt?

Aber der Jakobusbrief will den Fragenden keine Moralvorschriften auftischen. Auch ihm ist deutlich, dass kein noch so hehres Tun den Menschen retten kann. »Das Gesetz entlarvt uns als Sünder« bemerkt er lapidar. Und dafür gibt es nur ein Heilmittel, die Barmherzigkeit, die, die die Menschen von Gott erfahren und die, die sie selbst weitergeben. Für Luther ist der Glaube die Mitte, aus der heraus menschliches Leben gelingt und uns vor Gott gerecht macht. Was verstehen wir aber unter »Glaube«: ein Fürwahrhalten von Glaubenssätzen, ein Vertrauen, ein gutes Gefühl? Jakobus will den »Glauben« nicht nur im Kopf angesiedelt sehen, sondern im Herzen. Nicht gute Taten, aber Barmherzigkeit lässt Menschen im Gericht bestehen. In der »Barmherzigkeit« steckt ja das Herz. Nach dem »Duden Herkunftswörterbuch« bedeutet das Wort »Wer ein Herz für die Armen hat.« Aber vielleicht hängt »Barmherzigkeit« auch mit dem niederdeutschen »Bärme« zusammen, das im Duden über dem Wort »barmherzig« steht. »Bärme« heißt »Bierhefe«, »Gärstoff«, »Sauerteig«. Ein barmherziges Herz ist demnach beweglich und heiß, es brodelt und schäumt über. Es will etwas tun.

Jakobus erinnert daran, dass Glaube kein sich Wohlfühlen, keine Gestimmtheit, ja nicht einmal vertrauensvolle Sicherheit ist, sondern Ausdruck im mitmenschlichen Handeln finden will. Nicht stilles Wasser, sondern ein überfließendes Gefäß, kein Ruhekissen, sondern ein Stachel, der zur Tat treibt. Und die Barmherzigkeit ist für Jakobus kein abstraktes Ideal, sondern erweist sich ganz konkret. Die »Werke« sind nicht einfach »jeden Tag eine gute Tat«, sondern stehen für Jakobus im Kontext von gesellschaftlicher Macht und Ohnmacht, von Armut und Reichtum. »Jakobus« entwickelt seine Theologie konsequent aus der Perspektive der Armut – und richtet sich an Reiche: an den Geschäftsmann, dessen Terminkalender schon wieder prall voll ist, an den Grundbesitzer, der Arbeiter schon mal um den Lohn betrügt, um das gut gekleidete Gemeindemitglied, das sich doch lieber woanders hinsetzt als dieser Bettler, der so merkwürdig riecht. Er knüpft da nahtlos an die Lehre seines älteren Bruders an, der die Geschichten vom armen Lazarus, vom raffgierigen Kornbauern erzählt.

Kaum haben wir das alles verdaut, schließt der Jakobusbrief das Kapitel mit einem Satz, der zunächst im Halse stecken bleibt. »Wie der Leib ohne Geist tot ist, so auch der Glaube ohne Werke«. Ist das nur ein schiefes Bild oder wirklich so gemeint? Luther hätte formuliert, dass der Glaube den Lebensgeist darstellt, der dann die Hände und Füße zum Werk in Bewegung setzt. Und so halten wir es ja auch: Verkündigung und Sakramentsempfang sind die Lebensquelle der

Kirche, die dann in die Taten der Nächstenliebe, in die Diakonie überfließt. Aber Jakobus kehrt das Innere nach außen, das Äußerste nach innen! Die Werke tragen den Glauben! Wie kann das denn sein?

Infolge eines Missverständnisses von Luthers Anliegen ist der »Glaube« für manche evangelischen Christinnen und Christen eine anstrengende Leistung und ein Werk geworden, auf das sie gerne stolz sind. Aber dieser Glaube kann Risse bekommen. »Mein Glauben hat in diesem Augenblick gar keine Rolle mehr gespielt«, bekennt verzweifelt eine tief religiöse Frau im Rückblick auf eine lange Phase der Depression. Vielleicht hat ihr der geduldige, nicht aufgebende Besuch des Pfarrers mehr geholfen, als wenn er sie auf die Barmherzigkeit Gottes hingewiesen hätte. Es gibt viele Ehrenamtliche, die in Altenpflegeheimen Besuche machen. »Ich mache eigentlich gar keine richtige Seelsorge,« sagen sie manchmal bescheiden. Sie fahren Menschen im Rollstuhl zum Gottesdienst oder in den Garten, sie gehen mit Menschen mit, die nicht mehr reden können und nichts mehr verstehen, sie sitzen bei Menschen am Bett, die in tiefer Ohnmacht liegen. Ist das keine Seelsorge, kein Ausdruck von Glauben? Ihre Werke sagen hier: ich glaube trotz allem, dass du ein von Gott geliebter Mensch bist. Die Werke tragen den Glauben. Wie oft kommt der Glaube – wenn er nicht blind und selbstgerecht ist – angesichts menschlichen Elends ins Wanken. Menschen, die nicht von Drogen loskommen, im Verkehr getötete kleine Kinder, von Krankheit zerfressene Menschen – wo ist da die Barmherzigkeit Gottes? Sie ist da, wo wir ihr Raum geben und gegen allen Augenschein versuchen, Barmherzigkeit zu tun. Nicht in spektakulären Taten, sondern im Nächstliegenden. Barmherzigkeit ist Verb.

▉ Psalm und Lieder

Ps 1 (EG701)
EG 322/GL 266, Nun danket alle Gott
EG 417, Lass die Wurzel unsres Handelns Liebe sein

22. Ein Mann räumt auf, Frauen schon lange

Johann Friedrich Oberlin und die Frauen des Steintals

Urte Bejick

▣ Impuls

»Wer ist der größte Heilige? Psst! Wir dürfen es nicht sagen. Weil wir es nicht wissen. Das weiß Gott allein. … Man könnte glauben, dass der Herrgott zu einer Reihe von Heiligen gesagt habe: »Wacht vom Himmel aus über das Seelenheil der Menschen, reicht ihnen die Hand, wenn es um und in ihnen dunkel wird, führt sie zu meinem Licht, gebt ihnen Kraft und Mut, wenn sie reumütig zusammenbrechen. Ich warte hinter der Tür.« … Aber die Menschen gehen nicht nur mit einer Seele durchs Leben. Sie tragen auch Kleider, Hosen, Strümpfe und Hüte, die sie aus Freude am Dasein mit Knöpfen, Bändern, Litzen, Fransen und Edelsteinen verziert haben. … Der heilige Antonius, der selbst nichts besaß, arm war wie ein Regenwurm, keine Schuhe an den Füßen trug … ihn rufen wir an, damit er auf die Schlüssel und die Nummer unseres Geldschranks achte … Diesen Heiligen, diesen Erhabenen, diesen glänzenden Stern, dieses von Sonnenglut erfüllte Herz rufen wir an, damit er unser Schnupftuch suchen hilft, wenn wir es verloren haben. Und er findet es. Das erscheint mir ungeheuerlich. Ich weiß nicht, ob man sich mehr über unsere Kühnheit oder über seine herrliche Demut wundern soll. Er wartet auf unsere Anliegen wie ein Bettler auf Almosen. Bittet man ihn, eine verlorene Seele zu suchen, so findet er sie … Aber: Er muss sich um unsere Nichtigkeiten kümmern, unsere Fransen, unsere Bänder und Litzen. … Er ist unser Nachtwächter geworden, unser Detektiv und Spürhund, unser Fundbüro, Reklamechef, Wechselagent und Apotheker. Sankt Antonius weiß mit allen Launen der kleinen Menschen umzugehen. Es ist sein innigster Wunsch, recht viel für uns tun zu dürfen, und wären es auch die unscheinbarsten Dinge.«

Felix Timmermans[2]

---

[2]   Felix Timmermans, Der heilige der kleinen Dinge und andere Erzählungen, S. 64 f. © Insel Verlag Frankfurt am Main und Leipzig 1980.

Kurzbetrachtung

Große Chancen hatte der Mann nicht, dennoch hat er es im Internet bis ins »Ökumenische Heiligenlexikon« geschafft.

Johann Friedrich Oberlin (1740–1826) wirkte im französischen Elsass, in einer – wie es in den wilden 80er Jahren des vorigen Jahrhunderts hieß – »Kolonie in Europa«. Und zwar in einem der abgelegensten Flecken, dem Steintal, ohne nennenswerte Verkehrsanbindung, weder zu benachbarten Dörfern noch gar in die Städte Frankreichs und Deutschlands.

Stellen Sie sich das Ban de la Roche einmal vor 200–300 Jahren vor. Es trug seinen Namen nicht umsonst, denn dort gab es vor allem eins: Steine und Felsen, die das Tal schwer passierbar machten. Daneben einige Grasweiden und ein gerodeter Wald, auf dessen Fläche Kartoffeln angebaut wurden. Dazwischen ein paar traurige Hütten. Straßen gab es keine und auch zwischen den Dörfern des Tals gab es kaum eine Verbindung. Wieso auch.

Und dann rückte der Pfarrer mit einem Spaten an. Und nicht nur das – er zündelte auch mit Sprengstoff. Denn dies war Oberlin zunächst das wichtigste Anliegen: Ein Wegenetz zwischen den fünf Dörfern des Steintals einzurichten und dann eine Verbindung nach Straßburg und damit zur Welt. Die Bauern waren sprachlos. Oberlin erklärte den Sinn der Verkehrsverbindung: Dadurch würde ein Markt geschaffen, die – noch gar nicht vorhandenen – Erzeugnisse des Steintals sollten nicht nur der Selbstversorgung dienen, sondern auf diesem verkauft werden. Und »Markt« bedeutete damals im besten Sinn Austausch, Kultur, bescheidener Wohlstand. Und dieser Austausch sollte nicht nur vom Steintal in die Stadt geschehen, sondern auch umgekehrt – die Verkehrsverbindung sollte das entlegene Tal attraktiver machen für Handwerker, die es in den Dörfern noch nicht gab, und für Händler. Denn Oberlin richtete im Steintal ein eigenes Kaufhaus ein, eine Art frühen Obi oder Baumarkt. Dadurch wurde ein bescheidener Mittelstand geschaffen, der Motor für weitere Entwicklungen. Zuletzt gelang es ihm, eine Strohmattenfabrik, dann eine Baumwollmanufaktur im Steintal anzusiedeln, was der entvölkerten Gegend Arbeit und Zuzug verschuf.

Der Heimwerkermarkt als Kulturzentrum? Oberlin werkelte weiter, indem er Bäume pflanzte und die Dörfler dazu animierte, Plätze anzulegen, kleine Hausgärten zu pflegen. »Unser Dorf soll schöner werden« – hier ging es aber nicht um Folklore, sondern um Kultur vor der Haustür. Die armen Dörfler lernten, sich und ihre Umgebung selbst wertzuschätzen, sich ein angenehmes Wohnumfeld zu schaffen. Oberlin hielt die Dörfler ebenso dazu an, beim Sonntagsgottesdienst saubere Kleidung zu tragen. Er wusste sehr wohl, dass ein hungriger Magen keine frommen Menschen schafft. Umgekehrt war ihm aber die Lehre von der Heiligung des bekehrten Menschen wichtig – eine Haltung, aus der heraus eben die erwähnten sozialen Taten flossen. Innere und äußere Haltung korrespondierten für ihn miteinander.

Lassen wir uns von Oberlin fragen: Was können Kirchengemeinden in ihrer allernächsten Umgebung dazu beitragen, ein lebenswertes Quartier zu schaffen? Kultur hebt das Lebensgefühl – aber es genügt nicht, einem Arbeitslosen einen Theaterbesuch zu spendieren oder darauf zu spekulieren, dass Tafelläden ihren Kunden soviel Geld sparen helfen, dass dann ein Konzertbesuch drin ist. Das ist bürgerliche Romantik. Oberlin brachte seinen Bauern die Kultur vor Ort – im Anreiz, ihre Umgebung direkt vor der Haustür selbst zu gestalten. Die evangelische Kirche galt und gilt immer noch als Hort der Kultur – sei es mittels der flötenden Pfarrkinder oder des Bachkonzerts, und sie bewegt sich damit im bürgerlichen Milieu. Aber: Wie innovativ, wie förderlich wirken Kirche und Diakonie an ihren jeweiligen Standorten, in ihrem Quartier? Und welche Funktion hat hier »Kirche«? Man kann die Kirche durchaus als Repräsentantin einer Gegenwelt verstehen, die bewusst anders ist und dadurch wirkt. Oder zum Spaten greifen.

Nicht nur eine gute Verkehrsanbindung und die Melioration von Obstbäumen lagen Oberlin am Herzen, sondern neben den Baumschulen auch die Schulen für Kinder. Ein dummer Vergleich? Von Oberlins Vorgänger, Pfarrer Stuber, ist ein Gespräch mit dem örtlichen Schulmeister überliefert: Dieser war der ehemalige Schweinehirte des Dorfes, den eben jener Beruf zum Lehrer qualifizierte. Lesen konnte er indessen nicht.

Oberlin setzte das Werk seines Vorgängers Stuber fort, durch Alphabetisierung der Kinder die Alphabetisierung ihrer Eltern zu animieren. In den fünf Dörfern des Steintals initiierte er die Errichtung von fünf Schulen, in denen Frauen der Umgebung – gegen Bezahlung! – unterrichteten, im Lesen, Rechnen, in Geographie, aber auch ganz praktischer Lebenskunde. Natürlich standen »Fleiß und Gehorsam« als zeitgemäße Tugenden im Vordergrund, aber Oberlin hatte auch Tobe- und Spielzeiten für die Kinder eingeplant, die anhand von Bildern, Spielzeug und in der freien Natur lernten. Und eine Diskussion über das »richtige« Alter für eine auswärtige Betreuung ließen die Armut und die Arbeitsbelastung der Eltern nicht zu: Es wurden schon Kinder von zwei bis drei Jahren in die Kleinkinderbewahrung aufgenommen. »Bewahrung« nicht als Aufbewahrung,

III. Anpacken! Diakonie hautnah

sondern als Schutz der sonst unbeaufsichtigten Kinder und vermittelte vielfältige das Lernen fördernde Impulse.

»Um ein Kind großzuziehen, bedarf es eines ganzen Dorfes.« Oberlin mobilisierte daher in den ihm anvertrauten Dörfern heimische Kräfte. »Ich hege besondere Achtung für das weibliche Geschlecht«, bekennt er. Wie fast alle heutigen Entwicklungsdienste setzte er zunächst auf die Frauen. Seine Frau Magdalena Salome Witter hatte er nach anfänglichen Zweifeln aufgrund großer Charakterunterschiede nach einer »inneren Eingebung« geheiratet. Magdalena Oberlin leitete Frauen in den Dörfern an, Kinder zu unterrichten. Nach ihrem Tod setzte Oberlins Hausmädchen Louise Scheppler diesen Dienst fort. »Conductrice« – die Lehrerin – wurde als besoldeter Beruf im Steintal eingeführt. Unterricht fand nicht nur in der Schule statt: Die von Frauen der Umgebung geleiteten »poêles à tricoter« waren – und das ist zu unterstreichen – beheizte Wohnräume, in denen junge Frauen Stricken und Handarbeiten lernten und Kinder beaufsichtigt wurden. Diese Handarbeiten waren keine Dressur zur Weiblichkeit, sondern für arme Menschen notwendig, um Kleidung flicken oder selbst herstellen zu können bzw. um den Frauen den Weg in eine Fabrik zu öffnen. In ihren Schulen achtete Louise Scheppler sowieso darauf, dass auch Jungen in Handarbeiten unterrichtet wurden. Beim Stricken lernten die jungen Frauen darüber hinaus im Gespräch die dialektfreie hochfranzösische Sprache. Und Sprache ist Macht. Die von Oberlin und den Steintaler Frauen initiierte Bildung umfasste zwei Aspekte: einmal die Hochkultur in Form der französischen Sprache, dann aber eher lebenspraktische Bildung aus dem Lebensumfeld des Kindes (Handarbeiten, Pflanzenkunde). Darüber hinaus dachte Oberlin international: Auf Landkarten lernten die Kinder, das Steintal in Relation zu Paris und zur ganzen Welt zu sehen.

Zur Bildung gehört selbstverständlich auch die Religion. Junge Frauen und Kinder wurden in biblischen Geschichten unterrichtet und lernten Hymnen und Lieder zu singen. 1782 gründete Oberlin eine »Christliche Gesellschaft«, deren Mitglieder sich zum regelmäßigen Gebet und zu guten Sitten verpflichteten. Neben Altbewährtem wie »Seyd unterwürfig gegen eure Vorgesetzten« und deutschen Tugenden »Fleiß mit Ausdauer und Kraft – das ist Thätigkeit« enthielten diese auch Regeln, die bereits die französische Revolution ahnen ließen: »Bemüht euch, das Glück aller zu fördern!« und »Widmet einen Teil eurer Ernte in bestimmten Zeiten dem allgemeinen Besten.« 1789 befürwortete Oberlin die französische Revolution als kleinen Strahl des Reiches Gottes – bis ihm die Gottesdienste untersagt wurden. Oberlin reagierte lässig – er erklärte die Gemeinde zum »Klub« und hielt forthin Klubversammlungen ab, bis ihm 1795 wieder die Predigttätigkeit gestattet wurde.

Oberlin war demnach »links«. Und er dachte global: »Kolonialwaren«, also auch Kaffee, kamen ihm nicht ins Haus, da sie aus der Arbeit von Sklaven stammten. Oberlin ist also auch als Urvater des Fairtrade anzusehen. Seine Erfolge in einem vergessenen Winkel drangen zuletzt auch über die Grenzen – nach Paris, nach Deutschland, in andere europäische Länder, in die USA – und das ganz ohne Internet.

Oberlin selbst gab sich bescheiden: Handarbeiten und Naturgeschichte gab er als Lieblingsbeschäftigungen an, charakterisierte sich aber als untalentiert in den bewunderten Künsten der Malerei und Musik.

Ein Mann, demütig in der Selbsteinschätzung, groß in der Tat.

▇ Info

Erich Psczolla, Johann Friedrich Oberlin (1740–1826). Gütersloh 1985.
Oberlin-Museum im Steintal:
Musée Oberlin, 25 Montée, F 67130 Waldersbach
Tel.: 0049 3 88 97 30 27
www.musee-oberlin.com

▇ Psalm und Lieder

Psalm 127 (EG 767)
EG 494, In Gottes Namen fang ich an
EG 648, Ins Wasser fällt ein Stein
EG 659, Die Erde ist des Herrn

23. Suppe, Seife, Seelenheil –
und die Seife ist die demütigste unter ihnen

2 Könige 5,1–4. 9–14

Urte Bejick

Text

Naaman, der Feldherr des Königs von Aram, galt viel bei seinem Herrn und war angesehen; denn durch ihn hatte der Herr den Aramäern den Sieg verliehen. Der Mann war tapfer, aber an Aussatz erkrankt. Nun hatten die Aramäer bei einem Streifzug ein junges Mädchen aus dem Land Israel verschleppt. Es war in den Dienst der Frau Naamans gekommen. Es sagte zu seiner Herrin: Wäre mein Herr doch bei dem Propheten in Samaria! Er würde seinen Aussatz heilen. Naaman ging zu seinem Herrn und meldete ihm: Das und das hat das Mädchen aus Israel gesagt.

(Auf Anraten seiner Diener zieht Naaman nach Israel, um sich durch den Propheten Elischa heilen zu lassen.)
So kam Naaman mit seinen Pferden und Wagen und hielt vor dem Haus Elischas. Dieser schickte einen Boten zu ihm hinaus und ließ ihm sagen: Geh und wasch dich siebenmal im Jordan! Dann wird dein Leib wieder gesund, und du wirst rein. Doch Naaman wurde zornig. Er ging weg und sagte: Ich dachte, er würde herauskommen, vor mich hintreten, den Namen Jahwes, seines Gottes, anrufen, seine Hand über die kranke Stelle bewegen und so den Aussatz heilen. Sind nicht der Abana und der Parpar, die Flüsse von Damaskus, besser als alle Gewässer Israels? Kann ich nicht dort mich waschen, um rein zu werden? Voll Zorn wandte er sich ab und ging weg.
Doch seine Diener traten an ihn heran und redeten ihm zu: Wenn der Prophet etwas Schweres von dir verlangt hätte, würdest du es tun; wie viel mehr jetzt, da er zu dir nur gesagt hat: Wasch dich und du wirst rein. So ging er also zum Jordan hinab und tauchte siebenmal unter, wie ihm der Gottesmann befohlen hatte. Da wurde sein Leib gesund wie der Leib eines Kindes und er war rein.

◼ Impuls

Nimm den Eimer

Nimm den Eimer
trage dich hin
Wisse du trägst dich
zu Dürstenden

Wisse du bist nicht das Wasser
du trägst nur den Eimer
Tränke sie dennoch

Dann trage den Eimer
voll mit dir
zu dir zurück

Der Gang
hin und her
dauert ein Jahrzehnt

(Du kannst es fünf – oder sechsmal tun
vom zwanzigsten Lebensjahr an gerechnet)

Hilde Domin[3]

◼ Kurzbetrachtung

»Suppe, Seife, Seelenheil« ist seit jeher das Motto der Heilsarmee. Mancher muss bei diesem Spruch etwas schmunzeln – wohl wegen der Seife. Denn die klingt nach Sauberkeit und nach Moral. Wenn meine Eltern meinten, ich sei ein »sauberes« Mädchen, schämte ich mich. Zur schwäbischen Kehrwoche muss ich wohl kein Wort verlieren.
Keine Chance für die Seife?

---

[3] Hilde Domin, Nimm den Eimer. Aus: Dies., Der Baum blüht trotzdem. Gedichte. © S. Fischer Verlag GmbH, Frankfurt am Main 1999.

Wir hörten eine biblische Heilungsgeschichte, in der es um Reinigung geht. »Wenn man etwas Großes von dir gefordert hätte, hättest du es getan«, wenden die Dienstleute zu Recht ein. Warum fällt das Kleine oft schwerer? Vielleicht ist es den frühen Mitarbeitenden der Heilsarmee ja auch leichter gefallen, Uniform zu tragen, zu singen und zu predigen, als einem Mann Seife in die Hand zu drücken. Aber: Am Anfang – auch der Diakonie – stand die Seife.

Der junge Mann Johann Hinrich Wichern berichtet von seinen Hausbesuchen: »Es war heute (4. Januar 1833) bitter kalt. Kein Feuer im Ofen. Zwei zerbrochene Stühle, für die vier Personen nur eine Kinderbettstelle mit Stroh. Als ich den fürchterlich aussehenden Wiese fragte: »Wo schläfst denn du?«, zeigte er in die leere Ecke: »Da!« In einem schmutzigen Sack, so groß wie ein Kopfkissen lag ein Haufe Stroh.«[4]

Es ist unser Luxus, der uns über die Seife lächeln macht. In anderen Ländern müssten schwerwiegende, tödliche Krankheiten nicht existieren, wenn es fließendes, sauberes Wasser gäbe. Hunger, Schmutz und Krankheit gehören zusammen. Trotzdem hat die Seife keinen guten Ruf. »Was, du wischt alten Leuten den Hintern?«, wird der junge Zivi von Gleichaltrigen aufgezogen. »Wir können hier doch nur noch Satt- und Sauberpflege machen, für ein Gespräch bleibt keine Zeit!«, klagen Mitarbeitende in der Pflege. Was wäre das Gegenteil? Versetzen wir uns in die Lage eines alten Menschen, der kein Besteck mehr halten kann, nicht mehr selbständig essen, geschweige denn, sich selbst Mahlzeiten zubereiten. Und es gibt sie ja, die alten Menschen, die nichts mehr kochen, weil es sich nicht lohnt, denen es zu beschwerlich ist oder andere, die verschimmelte Lebensmittel im Schrank horten. Nur sauber! – Stellen Sie sich einmal die Lage eines inkontinenten Menschen vor, eines Menschen, der nicht mehr allein auf die Toilette gehen kann. Ist es nicht die schwierigste Form von Seelsorge, einem Menschen in seiner größten Scham und Beschämung beizustehen, ohne dass er seine Würde verliert?

Manche alten Frauen horten Taschentücher in ihren Handtaschen, um nicht einmal »in eine peinliche Situation« zu kommen. In der Pflege – gerade in den Bereichen, die es mit Wasser und Seife zu tun haben – geht es auch darum, Menschen in ihrer Scham zu begegnen. Was denkt die alte, ausgemergelte Frau, wenn der junge Pfleger sie abtrocknet? Eine Verletzung der Scham, eine Beschämung ist eine Verletzung der Seele. Der sorgsame Umgang mit der Scham

---

4   Johann Hinrich Wichern, Hamburgs wahres und geheimes Volksleben. In: Ders., Sämtliche Werke. Hrsg. Peter Meinold. Bd. 4/I, S. 137.

des Menschen, Schamgrenzen zu überschreiten, ohne sie zu verletzen, ist eine seelenpflegerische Aufgabe.

Nun gut, sauber reicht ja, aber darüber hinaus: Pflegelotionen sind praktisch – sie duften nicht, sie sind neutral, nicht verführerisch verpackt. Es reicht, wenn die alte Frau, die lebenslang im Beruf Kostüme getragen hat, in einen Jogginganzug gesteckt wird – das ist praktisch und sauber. Nein Frau Meyer, also schminken tun wir sie nicht, dazu ist keine Zeit und nachher ist das ganze Kopfkissen verschmiert. Hier wird den alten Menschen aus praktischen Gründen ohne viel Nachdenken ihre sexuelle Identität abgesprochen, ihnen wird klar gemacht, dass es sich »für sie nicht mehr lohnt«. Die Duftlotion, das Rasierwasser, die Schminke können umgekehrt ausdrücken, dass dieser Mensch »es noch wert ist«.

Ein Pfarrer hat mir versichert, dass die Friseurin in der Heimseelsorge und der Begleitung alter Menschen eine wesentliche Rolle spiele.

Mich hat sehr berührt, als ich in einem Hospiz über dem Waschbecken der Toilette drei kleine Parfumfläschchen gesehen habe. Sie sagten: Du bist auch noch da. Schau, wir tun dir was Gutes! Du bist uns den Luxus wert. Diese nonverbale, in einer Minute erfasste Botschaft muss verbal sonst in mehreren Seelsorgegesprächen mühsam vermittelt werden.

Seife und Seelenheil hängen eng zusammen. Wie du mit der Seife umgehst, gehst du auch mit der Seele des Menschen um.

Die ideale Seelsorge für Menschen in Einrichtungen der Diakonie stelle ich mir nicht als einen Zusatz oder eine Ergänzung der Pflege vor, sondern als ein Miteinander auf der Grundlage einer auch die Seele heil lassenden Pflege. Das von vielen Pflegenden vermisste Gespräch hilft auch nicht mehr, wenn zuvor der alte Mensch lieblos abgebraust und in einen hässlichen Jogginganzug gesteckt wurde. Wenn man etwas Großes von dir gefordert hätte … Visionen lassen sich schnell entwerfen, wenn man mehr Geld, mehr Zeit, mehr Personal usw. hätte. Das Kleine und Unscheinbare – eben Suppe und Seife – können aber das sein, was wirklich gebraucht wird und heilt. Vielen alten Menschen müssen zentrale Begriffe des Glaubens »übersetzt« werden, weil sie sie nie kennen gelernt haben oder weil sie Worte nicht mehr verstehen.

Diese Übersetzung kann Seife, sauberes Wasser, Parfum, Dauerwelle heißen. Etwas Kleines, das heil werden lässt.

▓ Info

Die Heilsarmee wurde 1865 von dem Methodistenpfarrer William Booth als »Christliche Erweckungsgesellschaft« ins Leben gerufen, um in den Londoner Slums zu helfen und zu missionieren. 1870 wurde sie in »Christliche Mission« umbenannt und nahm den Wahlspruch »Soup, soap, salvation« an, 1878 wurde dann der endgültige Name »Heilsarmee« geprägt. Seit 1886 gibt es die Heilsarmee auch in Deutschland.

▓ Psalm und Lieder

Psalm 23 (EG 710)
EG 389, Ein reines Herz, Herr, schaff in mir
EG 419/GL 622, Hilf, Herr meines Lebens

24. Gepflegte Beziehung

Rut 1,16–17

Urte Bejick

▮ Text

Dränge mich nicht, dich zu verlassen und umzukehren.
Wohin du gehst, dahin gehe auch ich,
und wo du bleibst, da bleibe auch ich.
Dein Volk ist mein Volk
und dein Gott ist mein Gott.
Wo du stirbst, da sterbe auch ich, da will ich begraben werden.
Der Herr soll mir dies und das antun – nur der Tod wird mich von dir scheiden.

▮ Impuls

Herr, ich danke dir, dass du mich nun, nachdem du mir durch deine Liebe allen irdischen Reichtum genommen hast, kleidest und speisest aus fremdem Besitz, denn alles, was nicht als Besitz voller Lust in meinem Herzen haftet, das muss mir alles fremd sein.
Herr, ich danke dir, dass du mir nun, nachdem du mir die Kraft meiner Augen genommen hast, mit fremden Augen dienst.
Herr, ich danke dir, dass du mir nun, nachdem du mir die Kraft meiner Hände genommen hast, mit fremden Händen dienst.
Herr, ich bitte dich für sie, dass du es ihnen auf Erden mit deiner göttlichen Liebe lohnen wollest, so dass sie zu dir flehen und dir dienen dürfen mit allen Tugenden bis zu einem seligen Ende.

Gebet der Mechthild von Magdeburg[5]
(ca.1207–1282)

---

[5] Mechthild von Magdeburg, Das fließende Licht der Gottheit. Übersetzt und herausgegeben von Gisela Vollmann-Profe. © Deutscher Klassiker Verlag Frankfurt am Main 2003.

III. Anpacken! Diakonie hautnah

◼ Kurzauslegung

Diese schönen Worte, die teilweise in die christliche Trauzeremonie eingegangen sind, beziehen sich in der Bibel nicht etwa auf Mann und Frau, sondern charakterisieren eine Beziehung, die in unserem Kulturkreis Gegenstand unzähliger Witze ist: die Beziehung zwischen Schwiegermutter und Schwiegertochter. Die Bibel – über weite Strecken als Buch von Männern für Männer konzipiert – worüber der Heilige Geist, der das Wort in uns zum Singen und Klingen bringt, fröhlich hinweggeht, schildert im Buch Rut eine Frauenwelt, in der Männer nur Randfiguren sind. Noomi, eine alte, verbitterte Frau entlässt wie selbstverständlich und ohne drohenden Zeigefinger ihre verwitweten Schwiegertöchter aus allen Verpflichtungen. Eine von ihnen nimmt dieses Angebot gerne an. Die andere, Rut, bekennt sich mit den oben genannten Worten zu ihrer Schwiegermutter. Diese ist alt, und dies nicht im Sinne der neuen »jungen Alten«, sondern ein gealterter Mensch, der sich selbst nicht mehr durch körperliche Arbeit ernähren kann und deshalb auf die Solidarität Jüngerer angewiesen ist. Die trotzigen Worte der Rut, die sich und Noomi durch das Aufklauben von Ernteresten ernährt, klingen da rührend altmodisch. Aber die alte Frau revanchiert sich durch ihre Lebenserfahrung und dies auf eine Art, wie wir sie Schwiegermüttern nie und nimmer zutrauen würden: mit coolen Tipps, wie man sich einen Millionär oder zumindest einen wohlhabenden Mann angelt. Den lernt Ruth bei der Erntearbeit kennen, legt ihn – man lese es selbst im Buch nach – dank Schwiegermuttis Rat raffiniert herein, heiratet ihn und beide Frauen leben versorgt und zufrieden weiter.

Eine Frauengeschichte mit Happyend, die eher zu Hera Lind als in die diakonische Bibliothek passt? Dazu ist diese Geschichte zu sperrig. Sie überrascht mit der großherzigen Weite gegenüber den »Rabentöchtern«, die ohne Anflug eines schlechten Gewissens ihr eigenes Leben leben. Richtig unbequem wird sie, wo wir das Bekenntnis der Rut auf heutige Verhältnisse übertragen. Ehefrauen, Töchter und Schwiegertöchter stellen ja auch heute noch das Gros der Pflegenden dar und dies nicht immer aus freiem Entschluss. Da kämpfen Liebe und Solidarität mit eigenen Lebensplänen, da befehlen die Normalität des »Das tut man« und das eigene schlechte Gewissen, da wird ein letzter Versuch unternommen, die Eltern im Ringen um Anerkennung von der eigenen Lebenstüchtigkeit zu überzeugen.

Rut zieht in ein fremdes Land – auch pflegende Angehörige verlassen Gewohntes: den bisherigen Lebensstil, mitunter den Beruf; Freunde und Freundinnen ziehen sich zurück, Ehemänner grummeln über Vernachlässigung, Liebhaber ergreifen die Flucht und auch die feministischen Freundinnen sind nicht immer solidarisch mit der ehemaligen Karrierefrau, die jetzt »urweibliche« Aufgaben übernimmt. Im neuen Land wartet aber der unbekannte, wilde und so ganz andere Gott: der Gott der Kranken, Verwirrten, Hilflosen, der dem Götzen von Effektivität und Erfolg in nichts gleicht. Es ist ein fremder Gott, der den feministischen Grundsatz »Ich bin gut, ich bin ganz, ich bin schön« auch angesichts ausgemergelter, kranker Körper mit schlaffer Haut, halbseitiger Lähmung, zitternder Hände verwirklicht sehn will. Und ein unendlich naher Gott, der in hilfreichen Händen und aufstrahlenden Augen sichtbar wird – ein Gott, der angekleidet, gewaschen, gespeist, getränkt und gestützt werden will.

Auch die Geschichte der Rut bietet kein strahlendes Happyend: Die junge Frau muss hart arbeiten und Erntereste auflesen, um zu überleben. Auch heute leben pflegende Frauen trotz Pflegeversicherung am Rande der von der männlichen Berufsbiographie orientierten Arbeitswelt. Nein, der Himmel auf Erden ist das nicht, aber doch so nah dem fremden Gott, der aus der Sicherheit lockt. Was er verspricht? Die Erfahrung der Angst um einen geliebten Menschen und die Bestürzung über seinen körperlichen und geistigen Verfall, zunehmende Gelassenheit und Freude an kleinen Dingen, helfende Hände von Bekannten und Unbekannten, den Überdruss über das tägliche Einerlei, gelegentliche Gesten der Dankbarkeit und das himmlische, unüberbietbare Glück, hin und wieder ein Gesicht aufleuchten zu sehen vor Freude. Mehr nicht. Auch nicht weniger. Ganz gewiss nicht weniger.

▓ Info

Das Matthäusevangelium und das Lukasevangelium zählen Rut zu den Vorfahrinnen Jesu (Matth 1, 6,; Lk 3, 32), sie gilt auch als Urgroßmutter König Davids. Im Judentum zählt das Buch Rut zu den fünf Festrollen und wird in der Liturgie des jüdischen Wochenfestes gelesen.

▓ Psalm und Lieder

Ps 23 (EG 710)
EG 417, Lass die Wurzel unsers Handelns Liebe sein
EG 395, Vertraut den neuen Wegen

IV. Lebe wild und gefährlich!

25. Gesegnet

4 Mose/Numeri 6, 22–27

Urte Bejick

▓ Text

Der Herr sprach zu Mose:
Sag zu Aaron und seinen Söhnen: So sollt ihr die Israeliten segnen; sprecht zu ihnen:
Der Herr segne dich und behüte dich.
Der Herr lasse sein Angesicht über dich leuchten und sei dir gnädig.
Der Herr wende sein Angesicht dir zu und schenke dir Heil.
So sollen sie meinen Namen auf die Israeliten legen und ich werde sie segnen.

▓ Impuls

Glückwünsche
1
dass du dir
(hie und da)
glückst

2
dass Glück
dich nicht blende
für Unglücke
anderer

3
dass Unglück
dich nicht verschlinge
für immer

4
dass dir
(ab und zu)
ein Glück für andere
glücke

5
dass dein Wunsch nicht sterbe
nach einer Welt
wo viele (wo alle?)
sich glücken können

Kurt Marti[1]

▓ Kurzauslegung

»Mahlzeit« grüßt der nette Kollege um 14.00 Uhr. Ich weiß nicht, wie darauf antworten, denn im Knigge »Erfolgreich durch Manieren« habe ich gelesen, dass man »Mahlzeit« nicht sagt. Klingt ja auch komisch: »Mahlzeit«. Aber hinter diesem knappen Gruß verbirgt sich der Wunsch »Gesegnete Mahlzeit«. Ohne viel dabei zu denken, wünschen wir einander Gottes Segen – auch wenn er auf das kleine Wirkungsgebiet eines hoffentlich schmeckenden Mittagessens begrenzt ist. Es heißt, möge diese Mahlzeit, die du jetzt einnimmst, zu deinem Wohl gereichen.

Auch anderswo versteckt sich der Wunsch nach Segen im Alltag. An Geburtstagen wird oft das Lied »Viel Glück und viel Segen auf all deinen Wegen« gesungen, »Gesundheit und Wohlstand sei auch mit dabei.« Ich habe gehört, dass man in christlichen Kreisen den »Wohlstand« durch das Wort »Frohsinn« ersetzt, weil er zu materiell, zu sehr nach Besitz klingt.
Die Bibel sieht das ganz anders. Wer gesegnet ist, der befindet sich »wohl«. »Zum Wohlsein« wünschen wir manchmal auch, wenn wir nicht gerade »Mahlzeit« sagen. Überall in unserem Alltag verstecken sich so kleine Segenswünsche. Es wäre schön, sich dies einmal bewusst zu machen: wir wünschen anderen

---

[1]   Kurt Marti, Ungrund Liebe. Klagen, Wünsche, Lieder © 2011 by Radius-Verlag, Alexanderstraße 162, 70180 Stuttgart.

Menschen Segen – für ihren Lebensweg, für ihr Essen und Trinken, für ihre Gesundheit, wir gönnen anderen ihr Wohl – und sie wünschen es uns. Ja, »Mahlzeit« sagt man auch zu dem Kollegen, den man eigentlich nicht so mag. Man setzt sich in der Kantine vielleicht etwas weiter weg – aber den Segen gönnt man ihm. Und wenn wir sagen, »gesegnete Mahlzeit« schwingt da etwas anderes mit als bei »guten Appetit«: mag das Essen noch so schmackhaft und gesund sein, mögen unsere Köchinnen in der Kantine es noch so freundlich ausschenken – der »Segen« darüber ist etwas anderes, Höheres, das wir einander wünschen, über das wir nicht verfügen können.

Der Knigge »Erfolgreich durch Manieren« ist anderer Meinung. »Mahlzeit« sagt ein Mensch, der auf der Karriereleiter nach oben steigen will, nicht. Vermutlich wären ihm auch unsere Geburtstagsständchen ein Gräuel. Wer meint, seinen Weg planen, zielstrebig vorwärtszugehen und über sein Leben selbst entscheiden zu können, braucht so etwas Unberechenbares wie Segen nicht. Da wirkt so ein Liedchen wie »Viel Glück und viel Segen« kindisch. Dennoch ist mir dessen Bescheidenheit lieber: Es wünscht Gesundheit, Glück, Wohlsein – Güter, die einem Menschen einerseits geschenkt werden, die er sich aber auch erarbeiten kann. Jedoch bei allem Glück, Erfolg, aller Begabung, behauptet es, kann Leben grau und glanzlos sein, wenn es ohne Segen ist, und jedes noch so schäbige, farblose Leben glanzvoll, wenn Segen auf ihm ruht. Der Segen ist das, was wir auch bei der glänzendsten Lebensplanung nicht »machen« können, dem wir uns öffnen müssen.

»Der Herr segne dich und behüte dich«. Ein Weg unter Gottes Segen und Geleit mag nicht immer gerade oder in unserem Sinne glücklich sein. »Lobe den Herren, der sichtbar dein Leben gesegnet, der aus dem Himmel mit Strömen der Liebe geregnet. Denke daran, was der Allmächtige kann, der dir mit Liebe begegnet.«[2] Dieses Lied war das Lieblingslied meiner Oma und das erste Kirchenlied, das ich von ihr gelernt habe. Dabei war das Leben meiner Oma alles andere als »sichtbar« glücklich: In einer armen Familie im ehemaligen Ostpreußen auf dem Land geboren, hatte sie als Älteste nach dem frühen Tod der Mutter für ihre acht Geschwister zu sorgen. Der Aufstieg aus der Armut geschah erst nach ihrer Heirat und dem Umzug in die Stadt. Aber der Wohlstand dauerte nur kurz: der frühe Tod ihres Mannes, meines Opas, die NS-Diktatur, die Flucht mit meiner Mutter im Krieg. Zuletzt lebte meine Oma von einer sehr kleinen Rente in Heidelberg. Meine Oma hatte nie die Chance, »erfolgreich durch Manieren«

---

2   EG 316,4; GL 258.

Karriere zu machen, wenig Gelegenheit, über ihr Leben selbst zu bestimmen, weder Wohlstand noch wirklich Glück im Leben – dennoch hat sie darauf bestanden, dass ihr Leben ein gesegnetes sei, dass es nicht nur das sei, was ihr auferlegt wurde, dass es nicht nur das ist, was es scheint. Es mag ein kleines, trauriges, bescheidenes Leben sein – aber es ist bewahrtes Leben, das unter der Hand Gottes steht.

»Er lasse sein Angesicht leuchten über dir.« – Wann erfahren wir unser Leben als gesegneter, als wenn uns Augen anleuchten: eines Kindes, eines Menschen, den wir mögen, eines ganz Fremden, der uns auf der Straße anlächelt, eines kranken Menschen, der sich über unseren Besuch freut, ja sogar eines Hundes oder einer Katze. Segen heißt auch: Gottes Augen leuchten auf, wenn sie uns sehen, er hat Freude an uns. Er freut sich über uns, wenn wir arbeiten, essen, schlafen, aufstehen, anderen helfen, lesen oder über eine Wiese laufen.
Ohne unser Verdienst. Und wo Gottes Angesicht über uns leuchtet, wird es warm in und um uns.

»Und … schenke dir Friede.« Frieden, Im Herzen, mit anderen Menschen, mit der Natur – dies ist das Ziel göttlichen Segens. Ein gesegnetes Leben ist Leben in Fülle, aber nicht im ängstlich umklammerten Privatbesitz. Gottes Segen will über und aus uns strahlen und weitergegeben werden. Wir tun das ja auch in ganz kleiner Münze: mit »Mahlzeit«, mit Segenswünschen zu Geburtstagen und Hochzeiten. Wem ich, wenn auch aus Höflichkeit oder Gewohnheit, den Segen wünsche, den werde ich nicht schlagen. Ich muss einen anderen nicht mögen, ich kann ihm aber sein Wohlsein gönnen.
Unter dem Segen Gottes leben heißt zuletzt, auch mit sich selbst Frieden zu schließen. Früher sagte man von einem Sterbenden, dass er das Zeitliche gesegnet habe. Das »Zeitliche« gesegnet … das heißt das Vergängliche, das schnell Vorübergehende, für Kränkungen offene Leben als das eigene annehmen und bejahen. Nicht zuletzt noch zu denken: Hätte ich doch nur … oder: wäre mein Leben doch anders gewesen, sondern das Flüchtige, die vergänglichen Augenblicke des Glücks und die viel längeren Strecken der Langeweile und des Schmerzes annehmen und gut sein lassen. Leben muss nicht »geglückt«, nicht »erfolgreich« sein – wer will denn das beurteilen.
Wir sind vielleicht unseren Glückes, aber nicht unseres Segens Schmied. Es genügt, unser eigenes Leben zu leben oder gelebt zu haben – und es auch auf seinen Irrwegen als von Gott geleitet zu erfahren.

Denken Sie einmal daran, wenn Sie einem Menschen »Mahlzeit« oder »Prost« wünschen.

▮ Info

Zum Weiterlesen: Wolfgang Lück, Himmelsmacht Segen. Ein wenig beachteter Reichtum. Stuttgart 2010.

▮ Psalm und Lieder

Psalm 67 (EG 734)
EG 65, Von guten Mächten
EG 316/GL 258, Lobe den Herrn
EG 610, Herr, wir bitten, komm und segne uns

26. Verschwenderisches Leben: Das Gleichnis von den anvertrauten Talenten

Matthäus 25,14–30

Urte Bejick

▌ Text

Es ist wie mit einem Mann, der auf Reisen ging: Er rief seine Diener und vertraute ihnen sein Vermögen an. Dem einen gab er fünf Talente Silbergeld, einem anderen zwei, wieder einem anderen eines, jedem nach seinen Fähigkeiten. Dann reiste er ab. Sofort begann der Diener, der fünf Talente erhalten hatte, mit ihnen zu wirtschaften, und er gewann noch fünf dazu. Ebenso gewann der, der zwei erhalten hatte, noch zwei dazu. Der aber, der das eine Talent erhalten hatte, ging und grub ein Loch in die Erde und versteckte das Geld seines Herrn. Nach langer Zeit kehrte der Herr zurück, um von den Dienern Rechenschaft zu verlangen. Da kam der, der die fünf Talente erhalten hatte, brachte fünf weitere und sagte: Herr, fünf Talente hast du mir gegeben; sieh her, ich habe noch fünf dazugewonnen. Sein Herr sagte zu ihm: Sehr gut, du bist ein tüchtiger und treuer Diener. Du bist im Kleinen ein treuer Verwalter gewesen, ich will dir eine große Aufgabe übertragen. Komm, nimm teil an der Freude deines Herrn!
Dann kam der Diener, der zwei Talente erhalten hatte, und sagte: Herr, du hast mir zwei Talente gegeben; sieh her, ich habe noch zwei dazugewonnen. Sein Herr sagte zu ihm: Sehr gut, du bist ein tüchtiger und treuer Diener. Du bist im Kleinen ein treuer Verwalter gewesen, ich will dir eine große Aufgabe übertragen. Komm, nimm teil an der Freude deines Herrn!
Zuletzt kam auch der Diener, der das eine Talent erhalten hatte, und sagte: Herr, ich wusste, dass du ein strenger Mann bist; du erntest, wo du nicht gesät hast, und sammelst, wo du nicht ausgestreut hast; weil ich Angst hatte, habe ich dein Geld in der Erde versteckt. Hier hast du es wieder.
Sein Herr antwortete ihm: Du bist ein schlechter und fauler Diener! Du hast doch gewusst, dass ich ernte, wo ich nicht gesät habe, und sammle, wo ich nicht ausgestreut habe. Hättest du mein Geld wenigstens auf die Bank gebracht, dann hätte ich es bei meiner Rückkehr mit Zinsen zurückerhalten. Darum nehmt ihm das Talent weg und gebt es dem, der die zehn Talente hat!

Denn wer hat, dem wird gegeben, und er wird im Überfluss haben; wer aber nicht hat, dem wird auch noch weggenommen, was er hat. Werft den nichtsnutzigen Diener hinaus in die äußerste Finsternis! Dort wird er heulen und mit den Zähnen knirschen.

◼ Impuls

Der Autor Pascal Bruckner hat in seinem Buch »Verdammt zum Glück« ein wunderbares Bild für das Lebensnotwendige am menschlichen Scheitern geschildert. Er vergleicht uns alle mit Christoph Kolumbus, der sein eigentliches Ziel komplett verfehlte, dabei aber Amerika entdeckte – am Ende also viel weiter gekommen war als geplant. Für Bruckner ist das Leben genau so: ein unaufhörliches Verfehlen hehrer Ziele und das Erreichen ganz anderer Gestade, ein Abenteuer, das bis zum letzten Atemzug kein Ende hat. »Sagen Sie mir nicht, wie ein gelungenes Dasein auszusehen hat, erzählen Sie mir lieber von Ihrem eigenen, erzählen Sie mir, wie Sie aus Ihren Niederlagen etwas gemacht haben, das für alle einen Sinn ergab.«

◼ Kurzbetrachtung

»Aber nicht für Süßigkeiten ausgeben, sondern sparen!«
Eines meiner schönsten Kindheitserlebnisse drehte sich um eine Blechspardose, die ein Verwandter mir nach Einwurf eines Fünfzigpfennigstücks schenkte. Gleich nach Abreise des Onkels versuchte ich die Sparbüchse mir Hilfe eines Dosenöffners zu entdeckeln. Als das nicht gelang, kam mir mein Vater mit Hammer und Meißel zu Hilfe. Der gemeinsame Versuch, die Sparbüchse zu öffnen, ist mir eine der liebsten Erinnerungen an meinen Vater.
Gar nicht als gütiger Vater wird Gott in unserem Gleichnis geschildert. Es bietet ähnlich wie manch anderes Gleichnis, z. B. das vom ungerechten Richter und der aufdringlichen Witwe, ein ungewohntes, anstößiges Bild: Gott als Finanzhai in einer durch und durch kapitalistischen Welt. »Wer hat, dem wird gegeben ...« bei dieser Allerweltsweisheit werden die Hörer und Hörerinnen des Gleichnisses genickt haben: »Ja, so ist es«, aber hilft uns das weiter? Vor Jahren gab es eine Plakataktion der evangelischen Kirche. Ein Plakat fragte: »Ist einer so viel wert, wie er verdient? Lassen sie uns gemeinsam nach Antworten suchen.«

Unser heutiger Text will gar nicht nach Antworten suchen, sondern weiß die Antwort schon: ein schlichtes und brutales »Ja«. Der Text passt doch sehr gut in unsere Zeit: Drei Ich-AGs erhalten einen Kredit zur Existenzgründung und Geldvermehrung. Zwei schaffen es, der dritte nicht. Pech gehabt – aber Leistung muss sich endlich wieder lohnen.

Gilt im Himmel etwa auch, was auf Erden schon längst gang und gäbe ist? Schauen wir uns den armen Kerl mit dem einen Pfund doch an! Es ist doch schon ungerecht, dass er nur eins erhält, viel weniger als die anderen. Wie soll er damit wuchern? Ja, wenn es ein bisschen mehr gewesen wäre! So geht es einem halt – die einen haben einen tollen Beruf und trotzdem Familie, aber ich? Ja, wenn ich besser aussehen und fünf Kilo abnehmen würde! Der Kollege strengt sich nicht besonders an, ihm fällt alles zu, und ich muss hart für alles arbeiten, bekomme aber nicht mal ein Dankeschön. Ja, wenn ich dessen Talent hätte! Es ist ja ganz schön, dass ich immer die guten Deutschaufsätze schreibe, aber wen interessiert das? Wenn ich richtig gut singen könnte, hätte ich eine Chance ins Fernsehen zu kommen und berühmt zu werden!

Können wir den armen Kerl mit seinem einen Pfund nicht gut verstehen?

Und wenn wir die zwei Glückspilze mit ihrem Geld betrachten: der eine stürzt hirnlos los, um das Geld auszugeben – wie leicht hätte der Handel schiefgehen können, dann stünde er mit leeren Händen vor seinem Herrn – aber davon sagt das Gleichnis nichts. Der andere gewann auch gleich was dazu – das klingt nach Spielautomat, nicht nach seriöser Arbeit. Was ist eigentlich dagegen zu sagen, das Geld, das einem sowieso nicht gehört, an einem sicheren Ort zu vergraben? Leichtsinn wird nach diesem Gleichnis belohnt, Vorsicht und Vernunft bestraft. Ist das so im Leben?

Das Gleichnis steht eingebettet neben zwei weiteren bekannten Gleichnissen: dem Gleichnis von den klugen und törichten Jungfrauen und dem diakonischen Gleichnis vom großen Weltgericht. Alle drei behandeln Lebensmodelle angesichts der Abwesenheit Gottes. Sie fragen: wie kann ich leben, wenn ich auf den Herrn warte und er nicht kommt? Wie kann ich leben, wenn ich gar nicht weiß, wo er ist? Wie kann ich leben, wenn ich Gott nicht sehe und auch nicht recht weiß, was er von mir will?

Die Knechte wissen nicht, ob ihr Herr jemals wiederkommt. »Glauben unter leerem Himmel« heißt die Lebensbilanz von Heinz Zahrnt. Darum geht es auch in diesen Gleichnissen: Sie sagen, dass man sein Leben verschlafen kann, dass man sich und anderen Himmel oder Hölle bereiten kann, dass man auf seinem Leben hocken bleiben kann wie ein Geizhals auf seinem Schatz.

»Nimm, was dir gehört«, mault der furchtsame Knecht am Ende, um Gott das Geschenk des Lebens vor die Füße zu werfen. Er hat Gott nichts zugetraut, sich nichts zugetraut, sich nicht mal an seinem kleinen Schatz gefreut, sondern sein Leben unter einem Wall von Angst, Misstrauen und Vorsicht völlig vergraben – so hat er Sicherheit, aber keinen Gewinn. Sein Vergehen ist eben nicht, dass er etwas gewagt und dann verloren hat, sondern dass er es nicht einmal gewagt hat, etwas zu wagen. Wir sündigen vielleicht nicht so sehr in dem, was wir tun, sondern in dem, was wir alles unterlassen.

Aber muss der arme Mann dafür so hart gestraft werden? Das Gleichnis wartet ja mit drakonischen Strafen auf. Doch ist die Qual, die auf den armen Mann wartet, nicht das Resultat seines Verhaltens? Kennen wir solche Strafen etwa nicht? Was ist mit der schlaflosen Nacht, in der man sich fragt, ob das jetzt schon alles war?

In Altenheimen begegnen uns Menschen, die nicht sterben können, weil sie nicht gelebt haben, oder Menschen mit schweren Depressionen, weil sie ihr Talent im Leben aus Konvention, wegen äußerer Umstände oder aus Angst vergraben haben und dies jetzt bereuen. Einen Schritt nicht gewagt, ein Wort nicht gesprochen, eine Berührung unterlassen – das sind Münzen, die sich anhäufen und statt zum Vermögen zur schweren Last auf dem Buckel werden können.

Aber nicht jeder kann doch so leichtherzig wie die zwei erfolgreichen Knechte sein! Sicher nicht, aber darum geht es gar nicht. Beide haben nach Aussage des Hausherrn auch nicht gerade üppig viel erhalten, sind aber so begeistert über ihr Vermögen, dass sie gleich damit umgehen müssen. Sie fragen nicht lange, ob der Herr denn jetzt gnädig oder ungerecht und hart ist, ob er sie vielleicht strafen könnte, in welcher Gemütsverfassung er, wenn überhaupt, wiederkommt – sie handeln aus Freude über ihr kleines Vermögen, über ihr Lebensgeschenk. Das kleine Vermögen, das kleine Talent als Geschenk – nicht als Last, Aufgabe, nicht als ungewolltes Geschenk, das man eigentlich nur bekritteln kann und am liebsten in die tiefste Ecke des Schrankes stellen möchte. Die Knechte tun, was sie tun, obwohl sie riskieren, alles zu verlieren. Ihnen reicht ihre Gabe und sie schöpfen sie voll aus!

»Wer hat, dem wird gegeben und wer nicht hat, dem wird noch genommen, was er hat«, die Ärmeren unter den Zuhörern und Zuhörerinnen Jesu werden gewusst haben, was dieser Spruch bedeutet. Jeder weiß, dass die genannte Regel im gesellschaftlichen Leben ungerecht und empörend ist. Jesus will aber zeigen, dass sie in einem Bereich des Lebens ernst zu nehmen und wahr ist. Es gibt Güter und Gaben, die sich nur vermehren, wenn man sie ausgibt. Gaben und Talente müssen gelebt werden, wenn sie verkümmern, werden sie zur Last. Liebe, Freude, Mitleid kann man nicht in sich selbst aufsparen – sie drängen danach, ausgegeben zu werden! Das eigene Leben kann nicht auf morgen vertagt werden.

Auch die ständige Furcht vor Gott, ein sich Einschränken, sich bei jedem Tun vor Sünde fürchten, wird der Liebe Gottes nicht gerecht und kann am Leben hindern. Deshalb werden die beiden furchtlosen Knechte gelobt, die unbeschwert die Gaben des Herrn einsetzen, sie ausgeben, um damit immer mehr zu erhalten.

Aber es gibt doch immer wieder Menschen, die das beim besten Willen nicht schaffen! Wir alle können ihnen helfen. In Kirche und Diakonie können wir Vermögensberater sein, damit nicht Kälte und Finsternis, sondern auch Freude auf sie wartet: seien es die Jugendlichen, die sich nichts zutrauen, Menschen, bei denen »nichts mehr zu machen« ist. In der Altenhilfe und Hospizarbeit versucht die Kirche, Menschen, die nur noch für einen Groschen Leben vor sich haben, diesen Groschen als wertvollen Schatz zum Glänzen zu bringen und einsetzen zu helfen. Und diese Aufgabe müssen nicht Experten aus der Diakonie übernehmen: überall als Eltern, Großeltern, Nachbarn, Freundinnen können wir Vermögensberater anderer sein, damit diese ihre Gaben und Fähigkeiten auch einzusetzen wagen. Wir müssen die Talent-Suche nicht RTL oder Pro 7 überlassen.

Und was für andere gilt, sollte auch für uns gelten – wir müssen nicht alles richtig und perfekt machen, unser Leben muss nicht glänzend poliert präsentiert werden – nicht genügend kann mehr als genug sein. Und wenn uns dann die Rechnung präsentiert wird? Ich vertraue darauf, dass Gott dann auch ein bisschen die Züge meines Vaters tragen wird, als wir gemeinsam die Spardose öffneten, um zu sehen, was darin ist.

▍ Info

Das Gleichnis von den anvertrauten Pfunden/Zentnern/Talenten existiert in mehreren Fassungen. In Matthäus soll es angesichts der Abwesenheit Christi mahnen, mit seinen Talenten nicht wie ein Geizhals zu knausern. Die Fassung in Lk 19,12–27 legt größeren Wert auf die endgültige Offenbarung Christi.

Eine besonders sympathische Fassung bietet ein »Agraphon«, ein Jesus zugeschriebenes Wort, das beim Kirchenvater Eusebius überliefert ist:

»Da waren drei Sklaven. Der erste verprasste das Vermögen mit Dirnen und Flötenspielerinnen, der andere vervielfältigte es, der dritte vergrub die Geldsumme. Den ersten lobte der Herr, den zweiten tadelte er, den dritten aber warf er ins Gefängnis.«[3]

(Agraphon Nr. 105)

▓ Psalm und Lieder

Ps 8 (EG 704)

EG 334, Danke für diesen guten Morgen

EG 140, Brunn alles Heils

EG 659 (Regionalteil Baden, Elsass, Lothringen, Pfalz), Die Erde ist des Herrn

---

[3] Das Neue Testament und frühchristliche Schriften. Hrsg. Klaus Berger/Christiane Nord. Frankfurt am Main 1999, S. 1128.

27. Fit und ausdauernd mit Paulus

1 Korinther 9, 24–27

Urte Bejick

▌ Text

Wisst ihr nicht, dass die Läufer im Stadion zwar alle laufen, aber dass nur einer den Siegespreis gewinnt? Lauft so, dass ihr ihn gewinnt. Jeder Wettkämpfer lebt aber völlig enthaltsam; jene tun dies, um einen vergänglichen, wir aber, um einen unvergänglichen Siegeskranz zu gewinnen.

Darum laufe ich nicht wie einer, der ziellos läuft, und kämpfe mit der Faust nicht wie einer, der in die Luft schlägt; vielmehr züchtige und unterwerfe ich meinen Leib, damit ich nicht anderen predige und selbst verworfen werde.

▌ Impuls

Das Leben ist nicht ein Frommsein,
sondern ein Frommwerden,
nicht ein Gesundsein,
sondern ein Gesundwerden,
überhaupt nicht ein Wesen,
sondern ein Werden,
nicht eine Ruhe,
sondern eine Übung.
Wir sind's noch nicht,
wir werden's aber.
Es ist noch nicht getan und geschehen,
es ist aber im Schwang.
Es ist nicht das Ende,
es ist aber der Weg.

Martin Luther[4]

---

[4] Martin Luther, Weimarer Ausgabe 7, S. 336.

Kurzauslegung

Der Sportsfreund, von dem dieser Text stammt, ist der Apostel Paulus, der mit diesem Bild der Gemeinde in Korinth seine Lebensführung nahebringen will. Er behauptet, dass auch der Glaube eine Frage des Trainings sei. Wie sieht nun solch ein Trainingsprogramm aus?

Der erste Schritt: Die Regeln kennen

Wer sich für eine Sportart interessiert, sollte ihre Regeln kennen. Es ist doch langweilig, ein Fußballspiel zu sehen und nicht zu wissen, wann ein Elfmeter fällig wird, wann ein Eckball, was Abseits heißt. Diese Ausdrücke muss man kennen. Wer sich für Fußball nicht interessiert, lacht vielleicht darüber.

Auch in unserem christlichen Glauben gibt es Regeln und Worte, die anderen, manchmal auch uns, unverständlich, langweilig, veraltet erscheinen. Sicher: man kann manches, was bombastisch daherkommt, auch einfacher ausdrücken, aber manche Begriffe sollte man kennen. Das sind nicht »Freistoß« oder »Abseits«, sondern die Bedeutung von Ostern oder Pfingsten, sind die Sätze des Glaubensbekenntnisses. Das kann man üben, im Kommunion-, Firm – oder Konfirmandenunterricht, durch Lesen, im Gottesdienst. Wer die Regeln und Begriffe beherrscht, hat mehr Freude. Jeden Sonntag die gleiche Liturgie – wie langweilig. Aber auch im Sport müssen feste Regeln herrschen, sie können nicht von Spiel zu Spiel verändert werden. Und Abweichungen sind erst da spannend, wo es feste Abläufe und Regeln gibt, die durchbrochen werden.

Schritt zwei im Trainingsprogramm: In Bewegung bleiben

Nun ist Paulus vor allem an Laufen und Boxen als Beispielen orientiert. Dabei geht es ihm nicht um Schnelligkeit und Zuschlagenkönnen – sondern um Beweglichkeit und Zielgerichtetheit. Unser Glaube ist beweglich wie unser Leben. Manchen macht das Angst. Wir sprechen vom »Kinderglauben«, der uns verloren gegangen ist. Wir machen Durststrecken durch, in denen Gott fern scheint und wir nicht beten können. Beruf, Familie, Alltag, manches nimmt uns so ein, dass in bestimmten Lebensabschnitten wenig Zeit und auch Lust zur Beschäftigung mit Glaube, Religion, Kirche besteht. Aber wenn Glaube Bewegung ist wie Leben auch, dann dürfen und müssen diese Phasen sein. Manch einer mag sich auf einem Waldspaziergang Gott nahe fühlen, jemand anderes erlebt Gottes

Nähe bei der Begegnung mit anderen Menschen. Wer Freude am Beruf hat, fühlt sich in seiner Lebensfreude und in seinem Elan von Gott getragen. Natur, Nächstenliebe, Lebenskraft – darin geht Gott nicht auf, aber er ist darin erfahrbar, wie auch in Zeiten der Krise, der Trauer, der Gottesferne. Wie in einer Liebesbeziehung oder Ehe gibt es auch im Glauben Phasen der Nähe und der Distanz. Auch unser Glaube kann sich ändern – und darüber müssen wir nicht erschrecken, sondern dürfen es als Zeichen der Lebendigkeit erfahren.

Schritt drei: Auf das Ziel konzentrieren

Die Lauftechnik will Paulus uns nicht vorschreiben – wichtig ist ihm das Ziel der Bewegung. Und damit ist er ganz modern. Heute gibt es unzählige Internetseiten, Bücher oder Seminare, die bekräftigen, dass man im Beruf, aber auch im privaten Leben Ziele brauche. Ziele sind notwendig, nicht nur um voran zu kommen, sondern auch, um zu sich selbst zu kommen. Aber wie finde ich Ziele und weiß, ob sie die richtigen sind: endlich ein größeres Auto kaufen? Mich beruflich selbständig machen? Einen Malkurs belegen? Ehrenamtlich im Pflegeheim Besuche machen? Wie mit so vielen Zielen ans Ziel kommen?
In der modernen Literatur zur Persönlichkeitsentwicklung sind Ziele immer mit Werten verbunden. Nehmen Sie sich ab heute Zeit, einmal nachzudenken, was Ihnen im Leben etwas »wert« ist. Wovon lassen Sie sich leiten? Manchmal erreicht man ein lange ersehntes Ziel und ist enttäuscht. Vielleicht war es ja gar nicht das eigene, vielleicht wollte man anderen etwas beweisen, zeigen, dass man es schafft. Dann muss die Laufrichtung geändert werden. Andere Menschen scheitern mit ihren Wünschen: das angestrebte Berufsziel wird nicht erreicht, ein Lebenswunsch erfüllt sich nicht und dann erweist sich genau dieser Umweg als der für sie richtige. Dieses Unterscheiden von eigenen und nur auferlegten Zielen bedarf der Übung.

So weit fortgeschritten in unserem Training kommen wir jetzt zu der schwierigeren Übung.

Schritt vier: Verzicht üben

Paulus beschreibt, wie hart sein Training ist: er »bezähmt seinen Leib«. Das klingt abschreckend, aber werfen Sie einmal ein Blick in ein Fitness-Studio. »Wenn ihr euch so für die gute Figur und die Fitness eures Körpers schindet«, würde Paulus in einer moderneren Fassung seines Beispiels heute dazu sagen,

»warum verwendet ihr dann weniger Kraft und Aufwand, wenn es um euer Leben, seinen Sinn, seinen Wert geht?«

Paulus sagt, dass zu einer guten Übung ein sich Mäßigen, ein Verzicht gehört. Das muss sich nicht so unfroh gestalten, wie es sich anhört. Wenn wir wissen, was uns wirklich etwas wert ist, was unser Ziel, unsere Ziele sind, wird manches, was uns vorher wichtig erschien, plötzlich nebensächlich. Was erschwert, was behindert unser Laufen? Manchmal sind es Gewohnheiten oder Sätze aus der Vergangenheit, die uns belasten: »Das habe ich noch nie gekonnt …«, »Das war schon immer so …« Vielleicht kennen Sie solche Sätze – es wäre doch eine gute Übung, den einen oder anderen vorsichtig loszulassen und wegzuwerfen. Wir werden täglich mit einer Fülle von medialen Botschaften überschwemmt, die sagen, was wir haben und wie wir sein müssten: jünger aussehend, als wir sind, gut versichert, fit, im Trend … Da muss man gewesen sein, das sollte man anziehen, so müsste man aussehen, das im Leben erreichen. Da sammeln sich rasch schwere Lasten an. Brauchen wir die? Prüfen wir doch einmal. Vielleicht hilft uns Verzichten auch leichter zu leben.

Damit sind wir schon fast am Ziel.

Schritt fünf: Dabeisein ist alles, aber Siegen ist auch schön

Im Beispiel des Paulus, beim Wettlauf, kann es nur einen Sieger, eine Siegerin geben. Deren Siegespreis ist vergänglich: Nach dem Spiel ist vor dem Spiel und wie oft sind gefeierte Sportgrößen der Vergangenheit heute vergessen. Der christliche Siegespreis ist anders: ein Leben in Fülle, das uns von Gott zukommt. Und »Leben« ist mehr als Ruhm, als Erfolg, als Glück.

Aber wenn nur einer gewinnen kann? Paulus will uns mit dieser Aussage anregen, uns anzustrengen, uns ganz zu konzentrieren wie im Sport. Uns Christinnen und Christen zum Wettbewerb um den größten und tiefsten Glauben aufgerufen hat er damit nicht. Es geht nicht darum, besser, frömmer, nächstenliebender, gütiger als andere zu sein. Wir können uns trainieren und am Ziel ausrichten und uns darauf hinbewegen – der Sieg ist aber nicht unser Verdienst. Gott will uns Leben schenken, auch den Langsamen, den immer zu kurz Kommenden, den Ungeschickten und Liegengebliebenen. Dieses Versprechen hat er uns in der Person und durch die Lehre Jesu gemacht. Das ist das Ziel, auf das wir hineilen können – auch langsam, bedächtig, nicht so fit im Glauben wie vielleicht andere scheinen. Dieses Versprechen ist uns gemacht und in diesem Sinne sind wir eigentlich alle schon Weltmeister.

■ Psalm und Lieder

Ps 1 (EG 701)
EG 251, Herz und Herz vereint zusammen
EG 352, Alles ist an Gottes Segen

28. Lebe wild und gefährlich!
1 Timotheus 2,1–4

Urte Bejick

█ Text

Vor allem fordere ich zu Bitten und Gebeten, zu Fürbitte und Danksagung auf, und zwar für alle Menschen, für die Herrscher und für alle, die Macht ausüben, damit wir in aller Frömmigkeit und Rechtschaffenheit ungestört und ruhig leben können. Das ist recht und gefällt Gott, unserem Retter; er will, dass alle Menschen gerettet werden und zur Erkenntnis der Wahrheit gelangen.

█ Impuls

Angenommen, du würdest verhaftet, weil du ein Christ bist – gibt es irgendwelche Beweise, dich zu überführen?[5]

█ Kurzauslegung

Her mit dem guten Leben! Aber sieht so das gute Leben aus?
Gebet für die Obrigkeit, und dann noch ein »ruhiges, stilles Leben in Ehrbarkeit« ... na ja. Da gibt es reizvollere Verse.
Aber wie das mit der Bibel so ist: Nach zweimaligem Lesen verfolgte mich der Text, begleitete mich auf der Wanderung am letzten Sonntag, saß abends aufdringlich mit am Kneipentisch und tippte mich unter der Woche ab und zu im Büro an. Ständig rief er an und bat: »Tu mich doch nicht so ab!«

Zunächst: Was ist gegen ein »ruhiges Leben« eigentlich einzuwenden? Die Postkarten mit dem Aufdruck »Lebe wild und gefährlich« verschickt man doch erst ab dem 40. Lebensjahr. Genussvoll »wild und gefährlich leben« kann man auch

---

5   Kalender »Der andere Advent« 2008.

nur in einer einigermaßen intakten, friedvollen Umgebung – auch wer stolz solche Spruchkarten aufhängt, möchte wohl kaum im Irak, Palästina, Tschetschenien leben. Gott aber will, dass wir über der Verwirklichung unseres »wilden« Lebens nicht die Menschen vergessen, die sich zu Recht Ruhe und Frieden wünschen. Denn Gott will, dass allen Menschen geholfen werde!

Schauen wir in den griechischen Originaltext, verliert das Lebensideal des Timotheusbriefs seine Staubigkeit. Man könnte übersetzen: ein gelassenes, friedvolles Leben. Das bedeutet: ein einfaches, auf das Eigentliche und Wesentliche konzentriertes Leben, ein Leben, das nicht durcheinandergebracht und gestört wird durch aufdringlichste Konsumangebote, durch Lebensangst und Depression oder durch Hunger, Verfolgung, Folter und Flucht. Auch die Farben von »Frömmigkeit« und »Gottesfurcht« nehmen im Griechischen eine altgoldene Tönung an und haben nichts mit dem dezenten Mausgrau des Deutschen zu tun. Das mit »Gottesfurcht« übersetzte Wort kann auch heißen: Ehrfurcht, Würde, Selbstbewusstsein. Nehmen wir das einmal ernst: »Gottesfurcht« impliziert Würde und Selbstbewusstsein! In den griechischen Worten schwingen die Assoziationen vom Guten, von etwas Erhabenem, Feierlichen mit – ein glänzendes, leuchtendes Leben in Würde – für alle Menschen.

Das ist der Wille Gottes. Was können Menschen dazu tun? Die Mustergemeinde, die der Autor im Auge hat, setzte sich aus kleinen Leuten und einigen Reichen zusammen, das Christentum war noch längst nicht Staatsreligion und für die Christinnen und Christen war es besser, sich unauffällig zu verhalten. Das römische Reich war ein Weltreich, das andere Völker unterdrückte, lokale Kriege und Aufstände gab es damals wie heute. In dieser Situation sagt der Brief deutlich: Ihr könnt etwas tun.

Beten, beten, beten, beten – viermal ruft er zum Gebet auf:
zur Bitte,
zur Anbetung,
zur Fürbitte,
zur Danksagung.

Bitte

Folgen wir nun einmal diesem Weg. Er beginnt mit der »Bitte«. Wann haben Sie zum letzten Mal zu einem Menschen »bitte« gesagt? Trauen wir uns noch, Gott um etwas zu bitten? Im griechischen Originaltext steht »deesis«. Das hängt zusammen mit dem Adjektiv »deos«, und das bezeichnet, was Menschen unbedingt zum Leben brauchen. Vieles wird heute auf dem Markt angeboten, was Wünsche wecken und anregen soll – aber kennen Sie ihre ureigensten Wünsche? Wissen Sie, was Sie unbedingt brauchen und was nicht? Der Mensch braucht – der Verfasser des Timotheusbriefs würde sagen »alle Menschen« brauchen: Essen und Trinken, Kleidung, Obdach, Verbundenheit mit anderen, Liebe. Für jeden gibt es sicher einen persönlichen Herzenswunsch, der darüber hinausgeht. In der Bitte darum geben wir zu, Kreatur, bedürftig und begehrlich zu sein. Das Bittgebet ist daher keine fromme Anmaßung, Gott zum Diener der eigenen Begehrlichkeiten zu machen, sondern ein Akt der Demut. Wo wir uns im Kern als bedürftige Kreatur unter anderen erkennen, und im anderen Menschen ein ebenso bedürftiges Wesen, haben wir bereits den Weg zu einem friedlicheren Miteinander betreten.

Anbetung

Erst, wenn wir das für unser Leben Notwendigste erbeten und erhalten haben, so verstehe ich die Reihenfolge in unserem Text, können wir den Blick nach oben wenden von unserer Kreatürlichkeit zu Gottes Herrlichkeit. »Anbetung« ließe sich das griechische Wort dafür übersetzen. In der Anbetung bitte ich Gott um nichts, sondern danke ihm einfach dafür, dass es ihn gibt und dass er da ist – und dass es mich gibt und dass ich da bin, einfach so. Anbetung ist »zwecklos«, sie freut sich, jubelt und dankt grundlos. Aus der Demut der Bitte wächst die Anmut der Anbetung.

Fürbitte

Wir haben jetzt im Gebet hinab und nach oben geschaut. Fürbitte schaut sich um. Das Fürbittgebet hat einen festen Platz in den Gottesdiensten. In der Fürbitte nehmen wir andere Menschen wahr. Alte Frauen, von der Pflege überforderte Angehörige, Menschen mit Behinderungen – sie leiden nicht so sehr unter mangelndem »Mitleid«, das sie nicht brauchen, sondern darunter, nicht gesehen, nicht wahrgenommen zu werden, für andere nicht zu existieren. »Ich werde immer nur gefragt, wie geht es der Mutter«, klagte mir eine Frau, die seit Jahren ihre Mutter pflegt und sehr isoliert ist, »aber nach mir fragt niemand.« Arbeitslos, verschuldet, psychisch krank – das sind nicht immer nur die anderen, sondern Menschen hier in unserer Gemeinde. Ihr Problem darf ausgesprochen werden! Und schauen wir über die nächste Umgebung hinaus: Dass wir immer wieder für Frieden beten, mag manchen angesichts von nicht enden wollendem Krieg und Terror nutzlos erscheinen. Aber das Gebet macht Leiden sichtbar. Wenn wir allein vor dem Fernseher ohnmächtig resignieren mögen, sagt das Gebet: wir finden uns nicht damit ab. Armut, Krieg und Verfolgung sind nicht die Normalität, sie sind schon gar nicht gottgewollt. Im Fürbittgebet haben wir den Mut, darauf zu vertrauen, dass der Mensch geschaffen wurde, anderen Menschen Hilfe und Stütze zu sein, nicht ihr Konkurrent.

Danksagung

In der Bitte haben wir uns gebückt und auf unser Inneres konzentriert, bei der Anbetung nach oben geschaut, bei der Fürbitte zu unseren Seiten, in der Danksagung dürfen wir frei den Blick schweifen lassen. Danksagung für alle Menschen: Wann haben Sie zum letzten Mal für Ihre Eltern, Ihre Kinder, Partner oder Partnerin, die Kollegen und Kolleginnen, Nachbarn, den Busfahrer oder die Bäckersfrau gedankt? Oder für den jungen Mann von nebenan, der nachts immer so fürchterlich das Radio aufdreht, die Nachbarin, die Ihnen ständig mit der Kehrwoche in den Ohren liegt oder das berufstätige Paar zwei Wohnungen über Ihnen, das man nie sieht? Einem Menschen, für den ich – manchmal trotz allem – dankbar bin, bringe ich Wohlwollen entgegen. Unzufriedenheit, das Gefühl, zu kurz gekommen zu sein, der neidvolle Vergleich mit anderen, führen zu Unfrieden. Dankbarkeit hilft Frieden stiften. In einem Heft über Rituale im Alltag las ich folgende Notiz über eine Schule:
»Wenn das Schule machen könnte, was dieser Lehrer in der Schule macht! Er nimmt sich dafür am Anfang eines Schulmorgens Zeit, die alles andere als verlorene Zeit ist. Er schreibt die Namen der Schülerinnen und Schüler auf einen Zettel und legt sie in eine Schachtel, die herumgereicht wird. Jeder nimmt sich einen Namen heraus und besinnt sich, was er der Mitschülerin oder dem Mitschüler Gutes sagen könnte, und schreibt das auf. Es kommen erstaunliche Aussagen dabei zustande. Was dabei alles genannt wird, sind Eindrücke, die sonst gar nie zur Sprache kommen. Vergessen werden. Unbeachtet bleiben. Zum Beispiel: Die Jeans, die du heute anhast, finde ich gut. Oder: Wie du heute morgen die Treppe heraufgekommen bist, spürte ich etwas von deiner guten Laune. Bleib so. Oder: Mutig, deine neue Frisur. Sie passt zu dir ausgezeichnet. Oder: Du hast mich heute so freundlich gegrüßt und mir die Türe offen gehalten. Der

Lehrer meint, jedes Mal, wenn er dieses kleine Spiel in der Klasse durchführt, zieht ein anderer Ton, ein angenehmer Wärmegrad ein innerhalb der Klassengemeinschaft … Ja, wenn das Schule machte! Auch zu Hause oder bei der Arbeit oder unterwegs.« (Rolf Steinhilper).[6]

Schule machen will auch der Verfasser des Timotheusbriefs, deshalb mahnt er so eindrücklich.

Das klingt jetzt nach Ratgeberliteratur. Aber die beiden Timotheusbriefe wollen gerade das sein – keine theologische Spekulation, sondern handfeste Lebenshilfe. Damit lassen sich nicht die Probleme des Terrorismus, von Armut und Hunger oder Krieg lösen. Aber Patentlösungen gibt es sowieso meist nur am Stammtisch.

Der Timotheusbrief bietet keine einfache Lösung »Der Friede muss erst einmal in mir beginnen« – was zu tatenloser Nabelschau verlocken könnte. Er würde wohl auch nicht den manchmal gehörten Spruch: »Die Pfarrer sollen sich ums Beten kümmern, nicht um Sozialarbeit oder Politik« unterstreichen wollen. Er hat das Gemeindegebet und damit eine Form von Öffentlichkeit im Blick. Im Originaltext heißt es »tut« Bitte, Anbetung, Fürbitte, Danksagung – Beten ist bereits Aktion. Und im Bezug auf die Obrigkeit – wer sagt denn, dass nicht Lichterketten, Montagsdemonstrationen und Ähnliches eine Form des Fürbittengebets sein können? Beten ist kein »innerlicher, rein privater« Vorgang. Im Vertrauen darauf, dass Beten Einstellungen, Verhalten und Taten ändert, beten wir gemeinsam im Gottesdienst. Beten zieht Kreise in die Tat.

Mehr echte Demut, mehr Anmut, mehr Barmherzigkeit, mehr Dankbarkeit – das könnten Schritte aus der oft beklagten sozialen Kälte hin zu mehr gegenseitiger Achtung und Frieden sein. Solch ein Leben hat Würde und Glanz. Und das Schönste: Wir können gleich, schon in dieser Andacht damit anfangen.

▎ Info

»Gott will, dass allen Menschen geholfen werde« (1 Tim 2, 4) ist Leitsatz des Diakonischen Werks Baden. Er wird präzisiert: »Diakonie ist Teil der Kirche. Auf der Grundlage des Evangeliums stellen wir unser diakonisches Handeln in

---

6   Rolf Steinhilper, Wenn das Schule machte. In: Der weite Raum 4 (2000), S. 98.

den Dienst der Menschen als würdige Geschöpfe Gottes. In der Kirche und gegenüber der Gesellschaft treten wir für das Zusammenwirken von Wort und Tat, Glaube und Handeln, Gottes – und Nächstenliebe ein.«

■ Psalm und Lieder

Ps 146 (EG 774)
EG 333, Danket dem Herrn
EG 334, Danke für diesen guten Morgen

29. Die Lust des Augenblicks

Paul Gerhardt

Urte Bejick

█ Text

EG 503, »Geh aus mein Herz«[7] (siehe unten)

█ Impuls

Vergnügungen
Der erste Blick aus dem Fenster am Morgen
Das wiedergefundene alte Buch
Begeisterte Gesichter
Schnee, der Wechsel der Jahreszeiten
Die Zeitung
Der Hund
Die Dialektik

Duschen, Schwimmen
Alte Musik
Bequeme Schuhe
Begreifen
Neue Musik
Schreiben, Pflanzen

Freundlich sein

Bertolt Brecht[8]

---

[7] Evangelisches Gesangbuch. Ausgabe für die Evangelische Landeskirche in Baden, pour l'Èglise de la Confession d'Augsbourg d'Alsace et de Lorraine pour l'Eglise Reformée d'Alsace et de Lorraine. Karlsruhe 1995.
[8] Bertolt Brecht, Werke. Große kommentierte Berliner und Frankfurter Ausgabe, Band 15: Gedichte 5. © Suhrkamp Verlag Frankfurt am Main 1993.

■ Kurzbetrachtung

Geh aus, mein Herz
und suche Freud
in dieser lieben Sommerzeit
an deines Gottes Gaben.
Schau an der schönen Gärten Zier
und siehe wie sie mir und dir
sich ausgeschmücket haben.

Die Bäume stehen voller Laub,
das Erdreich decket seinen Staub
mit einem grünen Kleide.
Narzissus und die Tulipan,
die ziehen sich viel schöner an
als Salomonis Seide.
(Vers 1 und 2)

In unseren Kirchen hält ein Sommerhit seit Jahrhunderten die Charts: »Geh aus mein Herz …«
Die ersten beiden Verse können noch fast alle auswendig, junge wie alte Menschen. Nach damaligem Verständnis auf der Schwelle zum Greisenalter, nämlich 47 Jahre, war Paul Gerhard, als er dieses Lied schrieb. Und innerlich jung wie ein Kind: In Berliner Parks hatte er zum ersten Mal aus dem Iran importierte Tulpen, die »Tulipan«, gesehen und ihnen einen Liedvers gewidmet.

Die Lerche schwingt sich in die Luft,
das Täublein fliegt aus seiner Kluft
und macht sich in die Wälder;
die hochbegabte Nachtigall
ergötzt und füllt mit ihrem Schall
Berg, Hügel, Tal und Felder.

Die Bächlein rauschen in dem Sand
Und malen sich an ihrem Rand
Mit schattenreichen Myrten;
Die Wiesen liegen hart dabei

Und klingen ganz vom Lustgeschrei
Der Schaf und ihrer Hirten.
(Verse 3 und 5)

Aber nicht nur die Pflanzen wachsen im frühen Sommer, auch die Tiere freuen sich. Fast naiv werden sie in ihrer Lebenslust geschildert: Die Waldvögel ergötzen sich am Fliegen, die siedlungsnahen Vögel verhalten sich wie fürsorgliche Eltern, Hirsch und Reh ist es eine Freude herumzuspringen. Und auch die Schafe in der nächsten Strophe blöken nicht etwa dumm, sondern geben ihrer Freude Ausdruck. Naiv?

Diese Verse wurden 1653, drei Jahre nach dem Tod des Philosophen René Descartes geschrieben. Für Descartes, den großen Denker waren die Körper von Menschen und Tieren von Gott geschaffene Maschinen. Der Organismus, der Blutkreislauf, unbewusste Mechanismen wie Atmen oder Husten waren ihm Beweis, dass im Körper ein automatischer Mechanismus ablaufe. Als einzigen Unterschied zum Tier besitze der Mensch jedoch Vernunft und daher eine unsterbliche Seele.

Ein großer Gedanke mit fatalen Folgen. Man kann es sicher nicht Descartes anlasten, aber auf diesem »mechanistischen« Denken, dass Tiere bloße Automaten seien, basieren letztlich auch Massentierhaltung und die heutige Vermarktung des Tieres. Einem Tier, das keine Lust empfindet beim Herumspringen und vor Freude über seine Weide blökt, kann man auch keinen wirklichen Schmerz unterstellen. Und das Flämmlein des Verstandes, das Mensch und Tier unterscheidet, ist auch nur ein blasser Hauch. Was, wenn er verweht?

Das ist heute eine ganz aktuelle Frage. Ist der Körper ein Behälter für Vernunft und Seele, ein Mechanismus, der bei Defekt wieder in Ordnung gebracht werden kann, dem man notfalls mit Schönheitschirurgie zu Leibe rückt? Oder hängen Leib und Seele auch jenseits aller Vernunft enger zusammen? Und ganz brutal: sind Menschen, die keine »Vernunft« haben, noch Menschen? Sollen lebenserhaltende Maßnahmen, auf vorherigen Wunsch als gesunder Mensch hin, auch bei noch nicht in der Sterbephase befindlichen Menschen unterlassen werden – speziell in den Fällen des Wachkomas oder einer fortgeschrittenen Demenz? Die katholische Kirche ist dagegen, die vernunftbetonte evangelische Kirche mit Einschränkung dafür. Achten wir einmal auf Worte, denn wer heute Revolution machen will, besetzt keine Bahnhöfe mehr, sondern Begriffe. Verwirrte Menschen nennt man »dement«, d.h. »mens«, ihr »Verstand« ist weg. Bleiben nur noch körperliche Hüllen übrig – oder sind es unserem Schutz anvertraute, individuelle Menschen? Ein EKD-Papier will den Seinszustand des Wachkomas besser als »vegetativen Zustand« bezeichnet wissen. Wachkoma heißt: ein Mensch in »Ohnmacht«, der aufgrund seiner offenen Augen wie »wach« erscheint. »Vegetativ« heißt »pflanzenhaft«, nur noch der körperliche Mechanismus läuft noch. »Der vegetiert ja nur noch (...)«, heißt es dann. Pflanzen kann man ausreißen. Haben demente Menschen und Komapatienten keine »Seelen« mehr, die auf einer uns unzugänglichen Seinsebene den Körper am Leben erhalten? Was hält den Körper am Leben – ein Mechanismus oder nicht doch die ihn treibende »Seele« oder etwas, das höher ist als alle Vernunft. Wenn wir diesen Menschen den Segen spenden und sie dem Frieden Gottes anvertrauen, welcher höher ist als alle Vernunft, erkennen wir sie als ganze, als gesegnete Menschen an. Ich bin froh, als Kind noch die scheinbar naiven Paul-Gerhardt-Verse auswendig gelernt zu haben, und wünsche dies auch künftigen Generationen – als eine umfassende Art, Mensch und Natur zu sehen.

So schwere Gedanken nach so heiteren Versen. Aber es kommt noch härter. Wir betrachten jetzt einen Vers, der sonst übergangen wird.

Ach, denk ich, bist du hier so schön
Und läßt du's uns so lieblich gehen
auf dieser armen Erden:
Was will doch wohl nach dieser Welt
Dort in dem reichen Himmelzelt
Und güldnen Schlosse werden!
(Vers 9)

Das Leben als letzte Gelegenheit? Paul Gerhardt ist nur auf der Durchreise hier. Aber die Erde ist für ihn kein Jammertal, das es alsbald zu verlassen gilt, sondern schönes, wenn auch unvollkommenes Abbild der sich einst erfüllenden Güte Gottes. Ihre Schönheit zwingt nicht zum Besitzen und Festhalten, sondern zum Genießen und zur Hoffnung auf noch mehr. Ihre Schönheit soll nicht zu Schutt und Asche werden, sondern vollendet. Der Hirsch landet irgendwann auf dem Boden, die Schwalben ziehen fort, die Schafe werden geschoren, die Blumen verwelken – aber diese Vergänglichkeit ist kein Anlass zur Verzweiflung, sondern trägt wie der Same die Frucht der Verheißung in sich.
In der Altenheimseelsorge ist »Biographiearbeit« in Mode. Nur, blicke ich auf mein eigenes Leben, gleicht es nicht so sehr einer durchgehenden Kette, son-

dern vielmehr der Knopfsammlung meiner Oma. Da sind viele bunte oder schäbig gewordene Knöpfe mit je eigener Geschichte, aber sie hängen nicht zusammen. Glückliche Momente waren meist »Augenblickserfahrungen«. Viel ist das nicht, aber nehmen wir Paul Gerhardts Sicht doch einmal ernst: Der vollendete Augenblick, in dem ich an einer Tulpe gerochen habe oder als ich mit den Eltern im Wald war und wir das Reh gesehen haben – sie sind nicht nur flüchtig, sondern in ihrer Vergänglichkeit vollkommen. Das kann im Lebensrückblick Mut machen. Nehmen wir einmal an, ein Mann hätte mir einmal aus dem abfahrenden Zug ganz tief in die Augen gesehen. Dumm gelaufen, nicht? Was hätte wohl werden können usw. Oder aber mit Paul Gerhardt: Auch dieser Augenblick hat seine Würde gehabt, er ist nicht »abgebrochenes Leben«, sondern trägt den Keim der Ganzheit in sich. Können wir so nicht viel barmherziger mit den Brüchen in unserem Leben umgehen? Ihren Glanz, nicht das Scheitern erinnern?

Wenn wir jetzt im Altenheim wären, könnten viele BewohnerInnen die letzten Strophen auswendig singen. Wir dürfen sie ablesen.

Hilf mir und segne meinen Geist
Mit Segen, der vom Himmel fleußt,
dass ich dir stetig blühe,
gib, dass der Sommer deiner Gnad
in meiner Seele früh und spat
viel Glaubensfrüchte ziehe.

Mach in mir deinem Geiste Raum,
dass ich dir werd ein guter Baum,
und lass mich Wurzel treiben.
Verleihe, dass zu deinem Ruhm
Ich deines Gartens schöne Blum
Und Pflanze mögen bleiben.
(Verse 13 und 14)

Ist es Zufall, dass gerade demente Menschen diese Verse oft noch im Kopf haben? Nun ja, früher lernte man halt vielmehr auswendig und das Altgedächtnis ... Auch hier wird wieder auf den »vegetativen« Zustand jedes Menschen aufmerksam gemacht. Wie die Pflanze, der Baum, ist er abhängig von Pflege.

Der Geist Gottes ist es, der ihn belebt und sein Wesen erhält, nicht sein eigener Geist oder seine Vernunft. Der Mensch »vegetiert«? Ja, aber dann bitte in allen Farben!

Bemerkenswert auch in Vers 14: ich denke immer, es müsse heißen: »und lass mich Früchte treiben«. Nein – es heißt Wurzeln. Alle Durchsichtigkeit des Lebens auf eine jenseitige Verheißung hin bedeuten nicht Weltflucht, sondern feste Erdhaftung. Nicht Askese und Weltabkehr ist irdische Aufgabe des Menschen, sondern gerade Weltzukehr zu ihren flüchtigsten Momenten! Die eigene Vergänglichkeit im Blick haben – und dabei in vollem Saft stehen – diesen Lebensentwurf bieten uns diese letzten Verse an. Jeder Moment kann unverhofft Blüten schlagen, auch im Dezember.

Ja zur Erde und Sehnsucht nach dem Himmel – und so sollen wir singend unserer Wege gehen.

■ Info

Paul Gerhardt (1607–1676), geboren in Gräfenhainichen, wurde bereits mit 14 Jahren Vollwaise. Nach seinem Theologiestudium arbeitete er jahrelang als Hauslehrer in Berlin, seine erste Pfarrstelle erhielt er erst mit 44 Jahren. Mit 48 Jahren heiratete er Anna Maria Berthold. Das Paar bekam fünf Kinder, von denen vier früh starben. Anna Maria starb nach 13 Ehejahren an Schwindsucht. 1667 wurde Paul Gerhardt seines Amtes enthoben, da er als strenger Lutheraner dem Toleranzedikt des reformierten Kurfüsten nicht zustimmte. Ab 1669 wirkte er als Archidiakonus in Lübben/Spreewald.

Die heute geläufige Melodie zu »Geh aus mein Herz« stammt von August Harder (1775–1813). Sie wurde 1812/1813 für das »Frühlingslied« des Dichters Ludwig Christoph Heinrich Hölty komponiert, das im »Musikalischen Jugendfreund« erschien. In späteren Auflagen des Liederheftes wurde die Melodie dann auf das »Sommerlied« Paul Gerhardts übertragen.

■ Psalmen

Ps 19 (EG 708.1)
Ps 36 (EG 719)
Ps 104 (EG 756)

V. Ökumenische Dialoge

30. Vor der Tür

Apostelgeschichte 3,1–10

Johannes Stockmeier

▓ Text

Petrus und Johannes gingen um die neunte Stunde zum Gebet in den Tempel hinauf. Da wurde ein Mann herbeigetragen, der von Geburt an gelähmt war. Man setzte ihn täglich an das Tor des Tempels, das man die Schöne Pforte nennt; dort sollte er bei denen, die in den Tempel gingen, um Almosen betteln. Als er nun Petrus und Johannes in den Tempel gehen sah, bat er sie um ein Almosen. Petrus und Johannes blickten ihn an und Petrus sagte: Sieh uns an! Da wandte er sich ihnen zu und erwartete, etwas von ihnen zu bekommen. Petrus aber sagte: Silber und Gold besitze ich nicht. Doch was ich habe, das gebe ich dir: Im Namen Jesu Christi, des Nazaräers, geh umher! Und er fasste ihn an der rechten Hand und richtete ihn auf. Sogleich kam Kraft in seine Füße und Gelenke; er sprang auf, konnte stehen und ging umher. Dann ging er mit ihnen in den Tempel, lief und sprang umher und lobte Gott.
Alle Leute sahen ihn umhergehen und Gott loben. Sie erkannten ihn als den, der gewöhnlich an der Schönen Pforte des Tempels saß und bettelte. Und sie waren voll Verwunderung und Staunen über das, was mit ihm geschehen war.

▓ Dialog

A (katholisch):   Du, ich sitze gerade hier im Zug …

B (evangelisch):   Ich hör' dich so schlecht. Lass mich raten: Du bist mit unserer Predigt noch nicht vorangekommen.

A (katholisch):   Doch! Das heißt, eigentlich: nein. Aber die Woche war so hektisch und dann der Termin heute Abend. Da dachte ich, du sitzt heute sowieso am Schreibtisch.

B (evangelisch):   Sowieso ist gut! Jetzt habe ich mir grade zwei Stündchen frei geschaufelt. Und ich dachte, du hättest schon was!

A (katholisch):   Weißt du, mir gefällt bei unserem Predigttext vor allem der

Schluss. Eine große Menge in der Halle des Tempels, und mittendrin tanzend und springend der ehemals Gelähmte! Da sehe ich eine Kirche vor mir – prallvoll, Musik, ein ökumenischer Gottesdienst.

B (evangelisch): Das wäre schön! Aber halt mal, hast du das gemerkt – jetzt reden wir wieder nur von uns selbst.

A (katholisch): Und dabei geht es in der Geschichte doch um den Gelähmten. Jetzt hätten wir die Predigt beinahe von ihrem Ende her aufgebaut und die Not dieses Menschen übersehen.

B (evangelisch): Wie im richtigen Leben!

A (katholisch): Wobei der Mann ja noch von Glück sagen kann. Er scheint doch in einem intakten Netzwerk von Familie und Freunden gelebt zu haben. Von Geburt an behindert, und doch in der damaligen Gesellschaft immerhin erwachsen geworden. Und die Freunde, die ihn täglich vor das Tempeltor tragen, sind Gold wert!

B (evangelisch): Nicht nur das. Er bemüht sich ja auch selbst. Sich vor der »Schönen Tür« des Tempels zu positionieren, ist ja eine geschickte Marketingstrategie. Denk mal an manche Bettler heute, die aus den Fußgängerzonen vertrieben werden, weil sie beim Shoppen stören!

A (katholisch): Das unterscheidet wohl Konsumtempel und Kirchen! Ob ihr Gott Arme und Schwache in seiner Nähe duldet.

B (evangelisch): Ich gebe ja zu, zur Entspannung mal ein Stündchen stöbern und einkaufen ist fast so beruhigend, wie wenn ich mich mal eine Viertelstunde in eine Kirche setze. Aber du hast recht: bei dem, was wir Frömmigkeit oder Spiritualität nennen, kommt es nicht auf ein intensives Gefühl und sich Wohlfühlen an, sondern auf – ich benutze mal ein modisches Wort – »Achtsamkeit« im Alltag.

A (katholisch): Johannes und Petrus sind in Gedanken schon im Tempel, beim Gebet. Aber dann sehen sie den Gelähmten, sehen ihn aufmerksam an. Und dann denken sie sich: Warum liegt der eigentlich hier vor dem Tempel und darf nicht hinein?

B (evangelisch): Caritas und Diakonie arbeiten ja auch meist im äußersten Tempelvorhof.

A (katholisch): Ja, da wo die »anderen« sind. Wir halten ja regelmäßig Fürbitte für Arbeitslose, Flüchtlinge, Kranke und Alte, wir sammeln für sie …

B (evangelisch): Aber wo kommen sie in unsern Gemeinden wirklich vor? Wenn du sonntags eine Messe besuchst, weißt du dann, wer von deinen Banknachbarn arbeitslos oder verschuldet ist?

A (katholisch): Das sagst du! Bei uns sind die Kirchen ja noch halbwegs gefüllt – aber bei der meist überschaubaren Teilnehmerzahl bei euch Evangelischen! Weißt du etwa, wer dem Gottesdienst fern bleibt, weil er oder sie die demente alte Mutter nicht allein lassen kann oder sich nicht traut, sie mitzunehmen?

B (evangelisch): Immerhin gibt es dafür die Sozialstation, die Nachbarschaftshilfe, Beratungsstellen für Demenz, Tagespflege, Pflegeheim, die Altenheimseelsorge … das kann sich doch sehen lassen!

A (katholisch): Und wie! Aber für viele ist das dann »die Diakonie« oder »die Caritas« und sie verwechseln uns auch noch mit der AWO!

B (evangelisch): Wo wir doch Kirche sind! Man nennt uns ja oft die Hände der Kirche, aber ich denke, wir sind zunächst mal die Augen!

A (katholisch): Und die sehen anders! Ich werde jetzt einmal ganz protestantisch: Auch der Platz vor der Tür gehört schon zum Tempel – und das muss man erstmal einsehen.

B (evangelisch): Die Heilung des Gelähmten ist ja das erste Wunder, das die Apostel nach dem Abschied Jesu von dieser Erde und nach der Ausgießung des Geistes tun. Lukas hat berichtet, wie bei der Kreuzigung Jesu der Vorhang im Allerheiligsten des Tempels von oben bis unten zerriss – das heißt doch, dass Gott seitdem »draußen« ist, vor der Tür, in seinem Sohn bei den Leidenden und Ausgestoßenen.

A (katholisch): Und Johannes und Petrus haben dies in der Begegnung mit dem Gelähmten erkannt. Dass Gott nicht nur in unseren Kirchen begegnen kann, sondern auch in einer Beratungsstelle, im Krankenhaus, beim Spielen im Kindergarten, in der Altenwohngemeinschaft!

B (evangelisch): Und das weiterzusagen und ganz genau hinzusehen, wo andere lieber mit abgewandtem Blick weitergehen, ist unsere Aufgabe!

A (katholisch): Aber damit ist es ja nicht allein getan. Das Zupacken muss schon noch folgen. Nur – Helfen ist seit 2000 Jahren auch nicht einfacher geworden.

B (evangelisch): Du meinst »Gold und Silber haben wir nicht«?

A (katholisch): Wir haben es ja. Aber manchmal habe ich das Gefühl, dass mit dem Rettenden auch die Not wächst. So viele Aufgaben, so viele Ideen – aber das alles kostet eben auch Geld.

B (evangelisch): Da sind unsere Vorläufer, die nun wirklich gar nichts hatten, ja noch richtig glücklich dran gewesen und sind mit einiger Lässigkeit an die Sache gegangen.

A (katholisch): Weil eine noch so großzügige Geldspende dem Gelähmten im Endeffekt nicht viel genutzt hätte. Unsere Verbände sind ja auch keine Almosenverteiler, sondern wir brauchen das Geld, um ein »Mehr« zu verwirklichen.

B (evangelisch): »Was wir haben, das geben wir dir.« Wenn man nicht gerade ein spontanes Wunder tut, sondern Veränderung sich langsam entwickelt, lässt dieses »Mehr« sich oft nicht so leicht definieren. Sag: Wie haltet ihr das mit dem »diakonischen Profil«?

A (katholisch): Ja nun, der Gelähmte ist nicht nur ein bedauernswerter Mensch. Er ist, auch wenn er es nicht ahnt, Glied einer großen Gemeinschaft, der katholischen Kirche weltweit. Und nicht nur das: auch einer überzeitlichen Gemeinschaft von Lebenden und Toten, Heiligen und weniger Heiligen. Und wie wir Menschen sehen, das prägt unser Tun.

B (evangelisch): Und ich ergänze protestantischerseits: Der Gelähmte ist nicht nur ein bedauernswerter Mensch – er ist ohne jede eigene Leistung, ob arm oder reich, behindert oder nicht behindert, von Gott geschaffenes, geliebtes und gerechtfertigtes Kind. Er ist weder »Pflegefall« noch Kostenfaktor, sondern eben dies: ein wie wir alle aus Gnade lebender Mitmensch.Und wie wir Menschen sehen, das prägt unser Tun.

A (katholisch): Darin stimmen wir überein! Aber sag mal: ein Geist hat weder Fleisch noch Bein, heißt es im Johannesevangelium. Ein bisschen Fleisch auf die Rippen sollten wir unseren Profilen schon geben.

B (evangelisch): Und das gebe ich mit der Suppenkelle! Die Vesperkirchen, die Tafelläden – die wären ohne Begeisterung, ohne freiwillige Arbeit, wie sie hundertfach in unseren Gemeinden geleistet wird, gar nicht möglich. Ohne Begeisterung, ohne Ideen hilft auch kein Geld!

A (katholisch): Und in der Hospizarbeit sind wir vor Ort schon lange ökumenisch. Da war am Anfang das genaue Hinsehen, wo jeder weggeschaut hat: auf sterbende und leidende Menschen! Und alles andere: Strukturen, Fragen der Finanzierung kam hinterher.

B (evangelisch): Du gerätst ja richtig ins Schwärmen.

A (katholisch): Sicher! Erinnerst du dich noch daran, was ich am Anfang gesagt habe? Diese große, im Lob Gottes vereinte Gemeinschaft, zu der auch die Kranken, Armen, Einsamen und Benachteiligten gehören – das ist doch die Verheißung, auf die hin wir leben. Und wenn wir ihr auch nur in kleinen Schritten entgegengehen.

B (evangelisch): Auch ein kleiner Schritt hat Bedeutung. Das ist doch das Beruhigende: Dass wir nicht selbst für alles sorgen müssen. Wir können unsere Probleme und die uns anvertrauten Menschen in der Fürbitte Gottes Hand anbefehlen. Das heißt nicht, die Hände in den Schoss zu legen, sondern andere auch anders sein lassen, ihnen ihren eigenen Weg lassen und nicht schon vorher wissen, was gut für sie ist. Im Gebet bezeuge ich den Menschen Achtung.

A (katholisch): Na, das ist ja jetzt schon fast katholische Soziallehre – Subsidiarität. Moment mal. Ich muss bald aussteigen. Wir müssen irgendwie zum Schluss kommen, mein Lieber!

B (evangelisch): Und ist doch so eine unendliche Geschichte. Weißt du, was mir auffällt? Als der Geheilte im Tempel tanzt und singt, wundern sich die Menschen. Wundert sich noch jemand über uns?

A (katholisch): Ach, du weißt ja: die tägliche Arbeit ist nicht so spektakulär. Wir sind höchstens mal unbequem.

B (evangelisch): Ob das immer so recht ist? Im Anschluss an unsere biblische Geschichte wird ja die Tempel-Polizei geholt, wegen Ruhestörung. Ist das Aufgabe der Kirche – sich um Verschuldete, um Prostituierte, Alkoholiker kümmern – heißt es dann. Müssen die sich auch noch in die Politik einmischen?

A (katholisch): Es ist irgendwie auch beruhigend, wenn alles bleibt wie es ist. So ein Langzeitarbeitsloser ist schon bedauernswert, aber irgendwie findet der sich schon mit seiner Lage ab und die Kinder sind es dann sowieso gewöhnt, von Unterstützung zu leben. Solche Leute sind das gewohnt und wir lassen uns unser Bachkonzert dadurch nicht verderben.

B (evangelisch): Und genau damit finden wir uns nicht ab! Bachkonzerte nur in einer Kirche, die auch für die Benachteiligten mal laut wird! Sonst verlässt sie der Heilige Geist eines Tages und treibt sich auf der Straße herum!

A (katholisch): Da ist er doch schon, wenn wir unserer Geschichte glauben dürfen. Und in Gestalt des Gelähmten, dem zwei Fremde einmal etwas Menschlichkeit entgegengebracht haben, kehrt er in den Tempel, die Kirche zurück!

B (evangelisch): Das ist jetzt ein schönes Bild, das mir so richtig Lust auf Kirche macht!

A (katholisch): Siehst du! Aber ich muss jetzt aussteigen. Du hast doch noch alles im Kopf und schreibst das schnell runter?

B (evangelisch): Naja. Amen.

■ Psalm und Lieder

Ps 40 (EG 723)
EG 265/GL 638, Nun singe Lob du Christenheit
EG 608/GL 635, 2, Ubi Caritas

31. Peter und Paul
Ein ökumenischer Dialog zwischen zwei Kirchtürmen

Römer 12,10–18

Johannes Stockmeier

■ Text

Seid einander in brüderlicher Liebe zugetan, übertrefft euch in gegenseitiger Achtung!
Lasst nicht nach in eurem Eifer, lasst euch vom Geist entflammen und dient dem Herrn!
Seid fröhlich in der Hoffnung, geduldig in der Bedrängnis, beharrlich im Gebet!
Helft den Heiligen, wenn sie in Not sind; gewährt jederzeit Gastfreundschaft!
Segnet eure Verfolger; segnet sie, verflucht sie nicht!
Freut euch mit den Fröhlichen und weint mit den Weinenden!
Seid untereinander eines Sinnes; strebt nicht hoch hinaus, sondern bleibt demütig! Haltet euch nicht selbst für weise!
Vergeltet niemand Böses mit Bösem! Seid allen Menschen gegenüber auf Gutes bedacht!
Soweit es euch möglich ist, haltet mit allen Menschen Frieden!

■ Dialog

Petrus und Paulus – zwei Säulen der frühen Christenheit.
Von Anfang an haben sie eine unterschiedliche Herkunft, eine unterschiedliche Geschichte, einen unterschiedlichen Weg in ihrer Berufung durch Gott.
Dennoch: »Peter« und »Paul« gehören zusammen – viele Kirchen sind nach beiden benannt. Manchmal finden sich eine Petrusgemeinde und eine Paulusgemeinde in unmittelbarer Nachbarschaft.
Hören wir einmal dem Gespräch der benachbarten Glockentürme der Kirchengemeinden St. Peter und der Paulusgemeinde zu.

Peter:	Eine Hitze ist das heute! Kein Mensch auf der Straße. Meine Treppen sind wie heiße Füße.
Paul:	Das ist ja auch typisch, wie bei dir der Eingang liegt. An exponierter Stelle. Zugang nur durch den Petersturm. Ich bin da bescheidener. Ich bin nur der Turm, der aufmerksam macht. Mehr nicht. Bei uns liegt der Eingang um die Ecke.
Peter:	Deshalb rennen bei euch auch alle am Eingang vorbei, was? Und noch eins: Bei mir ist die Tür immer offen. Und ihr, ihr schließt eure Kirchentür ja immer ab.
Paul:	Keine Ahnung, lieber Nachbar. Auch bei uns sind die Kirchen mittlerweile offen.
Peter:	Und geht bei euch denn jemand rein? Also, ich meine wer Evangelisches?
Paul:	Aber sicher. Und es kommen immer mehr. Statistisch ausgewiesen. Das wissen die Leute überhaupt nicht.
Peter:	Bei euch kommen die doch nur, weil es in der Kirche so schön kühl ist.
Paul:	Naja – wärmer ist's bei euch auch nicht. Aber sag mal … kühle Kirche in der Sommerzeit … ist doch kein schlechtes Bild. Aufgabe der Kirche … Menschen etwas Ruhe schenken. Schatten. Ruheplatz. Das ist doch auch Kirche … Wie übrigens dein Namenspatron im Petrusbrief schreibt »Seid untereinander gastfreundlich, ohne zu murren. Dient einander als gute Verwalter der vielfältigen Gnade Gottes, jeder mit der Gabe, die er empfangen hat.« (1. Petrus 4, 9–10).
Peter:	Respekt – du kennst dich ja gut aus in der Bibel. Aber Ruhe allein … Wir haben da auch noch geistige Kost in der Kirche stehen. Gleich neben dem Eingang ein Postkartenständer.
Paul:	Postkartenständer?
Peter:	Ja, und! Bilder von unseren Kirchenfenstern sind heiß begehrt. Mal jemand eine Postkarte schreiben mit einem solchen Bild, das kann doch auch ein Dienst am Menschen sein. Dein Namenspatron, dieser Vielschreiber – das musst du doch verstehen. Und übrigens: Wir haben da noch einen ganzen Schriftenstand mit kleinen Broschüren.
Paul:	Bin ich aber gespannt.

Peter:	Zum Beispiel »Seid fröhlich in Hoffnung«, »Was Segen bedeutet«, »Wie kann ich beten?«, »Hat Leiden Sinn?«.
Paul:	Das hört sich ja schon richtig nach Paulusbriefen an!
Peter:	Römer 8 oder so – glaube ich. Und dann haben wir da auch noch den praktischen Teil: Prospekte Seniorentreff – Veranstaltungen für pflegende Angehörige – Beratungstelefon für Jugendliche – Angebote der Hospizgruppe – Ehrenamtsbörse …
Paul:	Da kann ich mithalten … Ehrenamtsbörse und Hospizgruppe habe ich auch – sie sind ja ökumenisch! Bei mir liegt dann noch Müttertreff – Liste von Einrichtungen der Tagespflege – Sozialstationen – Schwangerschaftskonfliktberatung – … Wer bei uns reinkommt und hinschaut, der merkt schon, dass bei uns am Sonntag nicht mit dem Gottesdienst Schluss ist … Aber sag mal – was hast du denn da in deiner rechten Ecke neben der Treppe?
Peter:	Ein kleiner Seitenaltar. Die heilige Elisabeth. Patronin der Armen.
Paul:	Naja – das ist Fehlanzeige bei uns. Zwischeninstanzen zu Gott – damit haben wir's nicht so. Bei uns läuft das immer direkt …
Peter:	Aber Menschen brauchen doch Vorbilder. Und du? Was hast du in deinem Eck?
Paul:	Kollektenkörbchen, Safe, einige Bibeln und Gesangbücher.
Peter:	Ihr seid mir die Richtigen – auf die heilige Elisabeth herabsehen und die Bibel neben dem Safe lagern. Kommt denn bei euch überhaupt so viel an Kollekte zusammen, dass man das wegsperren muss?
Paul:	Also, unterschätze uns jetzt nicht. Da kommt viel zusammen. Ohne Opfer und Kollekte kämen wir mit vielem nicht durch. Und mach uns bitte keine Vorwürfe wegen dem fehlenden Seitenaltar … Unsere Ecke sagt beim Rausgehen: Wort Gottes und sichtbare Tat gehören zusammen. Vor dem Rausgehen mit dem eigenen Geld noch etwas tun, das ist ok. Geld für Gemeindeprojekte, für »Brot für die Welt«, für Partnerkirchen, für diakonische Einrichtungen …
Peter:	Das hätte ich von euch gar nicht erwartet, Paulusgemeinde. Ihr habt's doch immer damit, dass Paulus die menschlichen Werke abgelehnt hat. Und dann hat auch noch Luther voll auf die Pauke gehauen.

Paul:	Sachte, sachte … Beide haben gesagt: Man kann sich das Heil nicht durch anständiges Verhalten oder durch gute Taten verdienen – aber die empfangene Gnade weitergeben. Barmherzigkeit. Etwas tun für andere – das ist doch bei den beiden nicht abgemeldet. Und: Hast du da hinten im anderen Eck schon die zwei großen Kessel gesehen? Hinterm Vorhang? Weißt du, was das ist? Wir haben hier zweimal im Monat Vesperkirche.
Peter:	Jetzt muss ich wirklich schmunzeln: Das ist doch genau das Anliegen der heilige Elisabeth. Vielleicht sollten sich unsere beiden Gemeinden mal bei der Bewirtung zusammentun. Moment mal, mein Uhrwerk schlägt gerade. Ganz schön laut, was. Ach ja, die Kirchenuhren. Die Zeit als von Gott geschenkte Zeit. Wer ahnt davon noch etwas, wenn er auf die Kirchenuhr schaut. Ich bin verantwortlich für meine Zeit. Meine Zeit hat Maß und Ziel.
Paul:	Das ist bei uns nicht anders. Und wenn einer aufs Zifferblatt schaut – »mein Zug geht in zehn Minuten« oder »in fünf Minuten muss ich Lisa aus dem Kindergarten abholen« und und und … Ich schäme mich ja ein wenig, dass unsere Uhr nur noch einen Zeiger hat. Als der Minutenanzeiger hin war, meinte der Kirchengemeinderat, der Stundenzeiger tut's auch. Wo doch die meisten sowieso eine Armbanduhr haben.
Peter:	Komisch – unsere Leute sind auch immer so gehetzt. Schauen ewig auf ihren kleinen Tyrannen am Handgelenk und nicht mehr auf unsere Uhr und den schönen offenen Himmel drumherum.
Paul:	Du sagst es. Übrigens: Dein Geläut kann sich wirklich hören lassen. Drei Glocken hat nicht jeder.
Peter:	Ja, die drei habe ich, weil ich viel älter bin als du. Das eine ist die gewöhnliche Glocke für den Gottesdienst. Die kleine da oben war früher mal das Totenglöckchen und die dritte da war für Notfälle. Feuer oder Überfall oder so was. Caritas im Glockenturm. Verstehst du?
Paul:	Ich verstehe das schon. Aber viele verstehen's nicht mehr. Dabei habe ich nur eine Glocke für alle Gelegenheiten. Sonntag morgens, mittags und wenn jemand gestorben ist, läuten wir auch noch nach dem Mittagsläuten. Jetzt gibt's aber Ärger wegen einer

Beschwerde der Nachbarn – Störung der Mittagsruhe! Wir sollen die Anlässe zum Läuten reduzieren.

Peter: Die Diskussion regt mich wirklich auf. Das muss doch öffentlich gemacht werden, wenn jemand gestorben ist. Das kann doch nicht so einfach wegpoliert werden. Die Hospizgruppe macht bei uns jedes Jahr einen großen Gedenkgottesdienst für die Verstorbenen – natürlich ökumenisch. Das ist ein Dienst am Menschen. Es kommen viele Leute, die sonst nie in die Kirche kämen.

Paul: Weißt du – wenn ich so darüber nachdenke – eigentlich müsste bei uns noch viel mehr an die große Glocke gehängt werden. Das muss ich unserem Kirchengemeinderat mal flüstern. Mittagsläuten zur personellen Aufwertung der Pflege, Mittagsläuten zu Hartz IV, damit unsere lieben Kirchenmitglieder endlich mal merken, welche Auswirkung das auch für viele Gemeindeglieder hat, Mittagsläuten für Katastrophenopfer …

Peter: Wenn ihr Protestanten mal loslegt, dann seid ihr immer kaum zu bremsen. Nun übertreib mal nicht. Ich sage: »Friede sei ihr erst Geläute.« Also hängt nicht gleich so viel dran.

Paul: Aber versteh mich doch. Wenn ich so drüber nachdenke, müssten wir viel mehr in unsere eigenen Gemeinden hineinläuten, denn gerade der Gottesdienst hat es doch immer mit Leuten zu tun, die Hilfe brauchen, die glücklich oder verzweifelt sind, denen die Luft wegbleibt, die mit ihrem Kummer nicht klarkommen usw.

Peter: Das wird gut. Wir machen eine ökumenische Läute-Initiative. Ich mach die alte Feuerglocke fit: Gefahr im Anzug. Leute setzt euch in Bewegung, tut was.

Paul: Ganz genau. Da liegen wir auf einer Linie. Aber bevor du mit deinen drei Glocken so richtig loslegst … Ich finde dich da oben ein bisschen ungepflegt und dreckig.

Peter: Taubennester. Aber was regst du dich auf? Bei dir raschelt's nachts auch ganz munter.

Paul: Ich habe Fledermäuse.

Peter: 1:0 für mich. Tauben haben ja immerhin noch eine geistige Symbolik. Heiliger Geist und so. Dafür nehmen wir den Taubendreck gern in Kauf. Aber Fledermäuse …

Paul: Jetzt mach aber mal Halt. Wenn du gleich mit dem Heiligen Geist kommst bei deinen Tauben, dann komm ich mit Römer 8 bei meinen Fledermäusen: »Eine jegliche Kreatur seufzt und ängstigt mit uns nach Erlösung.« Und lieber Peter, ihr habt's doch immer mit dem heiligen Franziskus. In der Schöpfung Gottes zählt alles. Da lass mir mal meine Fledermäuse.

Zugegeben: Ziemlich hässlich, aber sie sind hervorragende Flieger und finden sich im Dunkeln zurecht. Da mach ich dir noch glatt ein Protestantenportrait draus aus diesen Fledermäusen: Die haben spitze Zähnchen, mit denen sie sich untereinander zwicken und beißen. Aber mal abgesehen von dieser Leidenschaft sind sie geliebte Geschöpfe, die durch die Gnade leicht werden und fliegen können und auch dann noch die Orientierung finden durch ihren Glauben, wenn's rundherum zappenduster ist.

Peter: Mann, das ist ja ein richtiger theologischer Höhenflug. Wie ihr das nur immer hinkriegt, ihr Protestanten. Aber ich kann mich damit anfreunden. Immerhin heißt katholisch ja auch, dass die Kirche weltumspannend ist und dann kommen wir auch mit protestantischen Fledermäusen klar. Mensch – so lange haben wir uns noch nie unterhalten.

Paul: Da hast du Recht. Weißt du was, wir setzen unser Gespräch fort. Das klappt ja auch im November, wenn es kalt und neblig ist. Sag mal – Peter – in den allermeisten Sachen sind wir uns doch ziemlich einig.

Peter: Aber sicher. Und du wirst sehen – das wird uns auch immer wichtiger werden.

Paul: Glaubst du, dass die Menschen in unseren Gemeinden das auch so sehen?

Peter: Na klar. Schau dich mal um, was mittlerweile von unseren Leuten gemeinsam gemacht wird. Die werden eines Tages nochmal unsere beiden Kirchtürme verknoten …

▨ Info

»Peter und Paul« ist ein katholisches Hochfest zur Erinnerung an die Apostel Petrus und Paulus, die beide in Rom den Märtyrertod fanden. Es wird am 29. Juni gefeiert und findet sich auch im evangelischen Festkalender.

■ Psalm und Lieder

Psalm 112 (EG 760)
EG 265/GL 638, Nun singe Lob, du Christenheit
EG 321/GL 266, Nun danket alle Gott

32. Maria und Marta

Lukas 10, 38–42

Johannes Stockmeier

▉ Text

Sie zogen zusammen weiter und er kam in ein Dorf. Eine Frau namens Marta nahm ihn freundlich auf. Sie hatte eine Schwester, die Maria hieß. Maria setzte sich dem Herrn zu Füßen und hörte seinen Worten zu. Marta aber war ganz davon in Anspruch genommen, für ihn zu sorgen. Sie kam zu ihm und sagte: Herr, kümmert es dich nicht, dass meine Schwester die ganze Arbeit mir allein überlässt? Sag ihr doch, sie soll mir helfen! Der Herr antwortete: Marta, Marta, du machst dir viele Sorgen und Mühen. Aber nur eines ist notwendig. Maria hat das Bessere gewählt, das soll ihr nicht genommen werden.

▉ Dialog

A (evangelisch): In Diakonie und Caritas arbeiten mehr Frauen als Männer …

B (katholisch): … aber nicht in den oberen Etagen.

A (evangelisch): Dabei erzählt das Lukasevangelium ausführlich von zwei Frauen, die in der frühen Gemeinde wohl großen Einfluss hatten, Maria und Marta.

B (katholisch): Nach dem Johannesevangelium salbt Maria Jesus vor seiner Verhaftung die Füße und ehrt ihn so vor seinem Sterben. Deshalb soll ihrer für immer gedacht werden, heißt es.

A (evangelisch): Und Marta ist auch nicht ohne. Jedenfalls im Johannesevangelium ist sie es, die ausspricht, dass Jesus der Messias ist. Das ist sonst einzig und allein von Petrus überliefert – und die Folgen kennen wir ja.

Stell dir das mal vor: Hätte sich Marta mehr durchgesetzt, hätten wir heute vielleicht eine Päpstin …

B (katholisch): Ja, ja – das alte Lied von euch Protestanten. Es wird in der Bibel überliefert, dass Marta immerzu sorgt und schafft und den Haushalt versorgt. Petrus hatte dafür ja seine Schwiegermutter. So macht man Karriere.

A (evangelisch): Immerhin, Paulus war Manns genug, um sich selbst zu versorgen – wenn er nicht gerade eingeladen war. Seine Gastgeberinnen werden in der Apostelgeschichte sogar namentlich genannt. Sie waren angesehene Geschäftsfrauen. Bloß die arme Marta kommt gar nicht gut weg trotz all ihrer Gastfreundschaft. Dienstfertig, aber unbedarft. Dazu hat der heutige Predigttext kräftig beigetragen.

B (katholisch): »Maria hat das bessere Teil erwählt« – aber denk mal, wie vielen Frauen dieser Text auch geholfen hat. Noch vor wenigen Jahrzehnten war es ja nicht selbstverständlich, dass Mädchen mehr als das Nötigste lernen und später einen anspruchsvollen Beruf ausüben. Wie oft hieß es: »Träum nicht – hilf lieber im Haushalt«. Und dann hört so ein wissbegieriges kleines Mädchen im Kindergottesdienst diese Geschichte! »Du hast das bessere Teil erwählt.« Also, mein lieber protestantischer Freund, ihr solltet in eurer Kirche die Erfolge der Frauenbewegung nicht nur EMMA, sondern auch Maria zuschreiben.

A (evangelisch): Ich geb's gern weiter.

Dann müssen wir aber auch die Marta anders sehen! Weißt du, was die Exegese herausgefunden hat? Marta war keinesfalls nur eine Art Dienstmagd für andere. Sie besaß ein eigenes Haus und damit auch einen kleinen Wirtschaftsbetrieb, Personal, Schlüsselgewalt und Finanzmittel. Und dass sie laut Bibel ständig im Haushalt zu tun hat, heißt nicht, dass sie selbst am Herd steht: Sie entscheidet, wer als Gast aufgenommen wird oder nicht, was aufgetischt wird und wer was in ihrem Haus reden darf. Auf solche Hausherrinnen und Hausherren waren die frühen christlichen Wanderprediger materiell übrigens angewiesen. Und Marta scheint eine besonders Bedeutsame unter ihnen gewesen zu sein.

B (katholisch): Und da die ersten Christen auch nur Menschen waren, gab es Rivalitäten unter ihnen. Da scheint jemand die Marta zu mächtig geworden zu sein, und er hat dann diese kleine Geschichte in seinem Sinne weitererzählt, so wie sie Lukas dann aufgeschrieben hat.

A (evangelisch): Noch etwas: Marta macht ja keinen gewöhnlichen Tischdienst, sondern im griechischen Original »Diakonie«. Das könnte dann manchem so passen: »Macht euch bloß nicht so viel Arbeit mit der Diakonie! Investiert da nicht zu viel! Kirche hat sich auf den Gottesdienst zu konzentrieren.«

B (katholisch): »Und vor allem nicht in die Politik einmischen« – das kennen wir ja.

A (evangelisch): Aber Lukas ist ein kluger Schriftsteller. Er hat diese Sache mit Maria und Marta direkt hinter die Geschichte vom Barmherzigen Samariter platziert. Das ist ein dickes Ausrufezeichen! Diakonie gegen Gottesdienst ausspielen – das geht nicht!

B (katholisch): Und gleich darauf wird berichtet, wie Jesus das »Vater Unser« lehrt. Und diese Komposition ist doch eine kompakte Charakteristik des karitativen Handelns – zwischen der Spontanität des helfenden Samariters und der finanzierten Hilfe des Wirts auf der einen Seite und dem vertrauensvollen Gebet auf der anderen.

A (evangelisch): Ob wir das in unseren Kirchen überhaupt wissen? Die Geschichte von Maria und Marta ist ein Scharnier zwischen beiden Aspekten des christlichen Glaubens. Diakonie und Gottesdienst gehören zusammen wie zwei Schwestern.

B (katholisch): Außerdem wird Marta nicht wegen ihrer »Diakonie« getadelt, sondern nur davor gewarnt, sich in vielerlei zu verlieren. Diese Mahnung, sich auf das Eine und Wichtige zu konzentrieren, ergeht in vielen neutestamentlichen Geschichten – auch an Männer.

A (evangelisch): Und an Frauen. Was mich nachdenklich macht: Ich kenne viele Haupt – und Ehrenamtliche, die so engagiert sind, dass sie gar keine Grenzen mehr für sich selbst setzen und am Ende manchmal enttäuscht und ausgebrannt sind. Denen sagt die Geschichte: Du musst nicht alles tun. Du musst es nicht perfekt tun. Konzentriere dich auf das, was notwendig ist, was auch dir Freude macht, und das mache dann ganz.

B (katholisch): Diese Aufforderung zur Konzentration auf das Wesentliche ist auch eine klare Botschaft an die zwei Schwestern Diakonie und Caritas. Ständig ist von unserer Profilierung die Rede und da gibt es dann Arbeitsgruppen, Fortbildungen, Thesenpapiere und Gegenthesen, Denkschriften und Empfehlungen und nochmal eine Arbeitsgruppe ...

A (evangelisch): Dann wird das, was eigentlich Kraft geben soll, zur zusätzlichen Belastung. Endlose Profildiskussionen – nicht auf der Seite des besseren Teils, das Maria erwählt hat – das ist interessant.

B (katholisch): Einfach mal nichts tun. Für wen und warum tue ich meine Arbeit eigentlich, unter welchen Voraussetzungen habe ich angefangen – ...

A (evangelisch): Das Selbstverständliche würdigen. Die meisten unserer Einrichtungen tun doch schon sehr viel. Nehmen wir die Altenpflege: Da wird mit den alten Menschen gesungen und gebetet, sie werden im Sterben nicht alleingelassen, ausgesegnet und verabschiedet. Und wenn man die Mitarbeitenden nach dem »diakonischen Profil« fragt, sagen sie: »Ach wir machen doch nichts Besonderes. Bloß die Pflege.« Oder Ehrenamtliche: »Ich mach doch bloß Besuche. Das ist doch keine richtige Seelsorge.« Und dabei ist doch gerade dieses »Bloß« das, worauf es ankommt – so wie Maria bloß dasitzt.

B (katholisch): Du predigst ja wie Meister Eckhart.

A (evangelisch): Naja – danke – aber viel weiß ich von dem nicht.

B (katholisch): Solltest du aber. Meister Eckhart war im Mittelalter doch Beichtvater und Prediger in Nonnenklöstern hier am Oberrhein. Und er hat die Geschichte von Maria und Marta ganz neu gedeutet: Da ist nämlich Marta die Vollkommenere von beiden. Denn Maria schwelgt noch in guten Gefühlen und edlen Gedanken, während Marta durch das Leben gelernt hat, und ohne danach zu fragen, ob das jetzt auch fromm ist oder religiöse Gefühle auslöst, tut, was zu tun ist. Maria fragt noch, was »Spiritualität« für sie bedeutet, Marta ist »spirituell«, einfach aus ihrer Lebenserfahrung und ihren Taten heraus, ohne das so zu benennen.

A (evangelisch): Der Meister wusste aber auch, dass wir nicht immer solche selbstbewussten Martas sein können – sondern eben auch wie Maria Suchende und Fragende, Stillsitzende und Schweigende. Das macht die »Diakonie« doch zur Diakonie, die Caritas zur Caritas. Nicht, dass wir perfekt sind, sondern immer wieder offen, suchend, bereit auch zur Korrektur.

B (katholisch): Deshalb Andachten, Gebete, kleine Rituale im Alltag unserer Einrichtungen: eben keine religiöse Folklore, mit der man harte Wirtschaftlichkeit ein bisschen aufrüscht, die man aber auch weglassen könnte.

A (evangelisch): Da geht's um das Wesentliche, woraus wir Kraft ziehen. Das ist die Erfahrung des Beschenktwerdens, die Einsicht, dass wir uns nicht selbst verdanken. Auch darin, dass wir nicht perfekt sein müssen.

B (katholisch): Also – klare Botschaft: lebendig und beweglich bleiben zwischen Maria und Marta. Wie Diakonie und Caritas mit ihrer Arbeit an der Barmherzigkeit.

A (evangelisch): Da sag ich: Amen.

■ Psalm und Lieder

Ps 127 (EG 767)
EG 457, Der Tag ist seiner Höhe nah
EG 617/GL 270, Kommt herbei

33. Kein Märtyrer: St. Martin

Ökumenischer Dialog über das Helfen

Johannes Stockmeier

▮ Dialog

A (evangelisch): Sag mal, in der katholischen Kirche habt ihr doch sicher Heilige, die für die Armen und Kranken zuständig sind.

B (katholisch): Jede Menge. Aber ich nenne dir einen, der auch euch Evangelischen lieb ist: den heiligen Martin. Bei dem Spruch: »So ihr nicht werdet wie die Kinder« fallen mir spontan immer die Martinszüge ein. Als ich noch klein war, gab es noch scharfe Konfessionsunterschiede, man achtete darauf, wer »evangelisch« und wer »katholisch« war. Nur bei den Martinszügen gab es keine Unterschiede mehr – alle wollten am Licht teilhaben und Laternen tragen, alle Kinder wollten singen und zuletzt die leckeren Hefemännchen teilen. Das war und ist wirklich Ökumene »von unten«.

A (evangelisch): Ja, eine Ökumene, die auf die Straße geht, Licht in die Nacht bringt, Musik drin hat und nach etwas schmeckt!

B (katholisch): Der Witz ist ja, dass Martin, als er dem Bettler begegnete und seinen Mantel teilte, noch gar kein getaufter Christ war, sondern römischer Besatzungssoldat mit einer, wie wir heute sagen würden, religiös interessierten Haltung! So, als Militärangehöriger und Heide, hat er den Mantel geteilt – einfach so, ohne Begründung.

A (evangelisch): Und er hat da ein bekanntes biblisches Vorbild – den Barmherzigen Samariter. Auch der galt ja als schlimmer als ein Heide und half einfach so: weil er gerade an diesem Ort gebraucht wurde – ohne weitere, auch religiöse Begründung. Die Parabel vom Barmherzigen Samariter ist eine ganz profane Geschichte, in der der Name Gottes nicht genannt wird! Und gerade sie gilt als die Beispielgeschichte für Gottes- und Nächstenliebe! Und auch Martin: er war Soldat, der aus dem Wirtshaus kam – kein

Heiliger – und auch der Bettler war nur ein armer, abgerissener Mann. Die konkrete Not eines Menschen ist Begründung zur Hilfe allein, sie braucht keine Erklärung. Hilfe wird geleistet, weil man ein Mensch ist, nicht, weil man Christ, katholisch, evangelisch, humanistisch gesinnt ist!

B (katholisch): Nach der Legende hat Martin im Traum eine Aufklärung erfahren: Im Bettler war Christus selbst. Dies hat seine biblische Entsprechung in dem Leitsatz: »Was ihr getan habt einem unter meinen geringsten Brüdern, das habt ihr mir getan.« (Mt 25, 40). Nach diesem Vorbild war ja die ganze christliche Krankenpflege des Mittelalters ausgerichtet: noch im von Aussatz und Krankheit verzehrten Menschen Christus zu sehen! Die »Herren und Damen Kranken« redete man diese Menschen mit einem Adelstitel an! Schauen wir uns vor diesem Hintergrund doch einmal an, wie heute über kranke und alte Menschen berichtet wird: Sie sind Kostenfaktoren, Teil einer demographischen Katastrophe. Gelten sie auch noch als »dement«, wird ihnen die Lebensqualität, die Fähigkeit zu Genuss, Freude und religiöser Erfahrung einfach abgesprochen.

Aber Martin saß ja auf seinem Ross, wird berichtet. Wenn wir von demselben mal in den Alltag steigen, wird das ganz schön schwierig: Können und müssen wir diese Leistung als Sozialstation überhaupt noch anbieten? Was ist eigentlich noch das – ich spreche jetzt für beide Konfessionen – »diakonische Profil« unseres Dienstes, wenn es doch auch um Wirtschaftlichkeit, Zeitdruck, finanzielle Grenzen geht? Hilfe, einfach weil man Mensch ist, klingt ja sehr gut – aber können das dann nicht andere ebenso tun?

A (evangelisch): Dabei ist dies doch die humanste und heiligste Handlung: einem anderen Menschen in seiner Beschämung beistehen, sie mitzutragen und nicht noch zu vergrößern! Und darauf kommt es in der Pflege doch an: in den angeblich »profanen« Handlungen wie Spritzen geben, waschen, Essen reichen, unbezahlt noch schnell den Wellensittich mitversorgen, ja in der viel geschmähten »Satt-und-sauber-Pflege« auch eine Heiligung des Alltags, eine Mystik der kleinen Dinge transparent zu machen! Das diakonische Profil ist ja kein Zusatz und Anhang, sondern zeigt sich ganz unscheinbar in Haltungen, mit denen wir Menschen begegnen!

B (katholisch): Das klingt ja gut katholisch. Und Martin ist auch ein Universalheiliger für Caritas und Diakonie: Schutzpatron der Armen, Kranken, der Flüchtlinge und Soldaten. Um diese Menschen soll er sich bereits in seiner Zeit als Soldat gekümmert haben und erst recht nach seiner Taufe. Ein ganz schön anstrengendes Programm!

A (evangelisch): Gerade da möchte ich ein Detail einbringen, das mir in der Martinslegende immer wieder aufgefallen ist: Martin teilt seinen Mantel, damit beide etwas davon haben. »Sieht ganz schön lächerlich aus«, werden seine Soldaten gelacht haben. Er hat aber den Mantel nicht ganz weggegeben, obwohl es bis zu seiner Kaserne sicher nicht weit war. Er ist auch nicht zurückgeritten und hat den Bettler mit Geld, Brot oder einem warmen Getränk versorgt. Der hätte schon noch mehr machen können.

B (katholisch): Ja, und das mit der Militärkasse abrechnen. Oder nach den Ursachen der Armut forschen!

A (evangelisch): Heute sind unsere Verbände ja ganz anders strukturiert, hat Hilfe ein anderes Gesicht als bei der spontanen Empathie eines einzelnen Soldaten. Aber: diese eine konkrete Tat eines Menschen hat die Phantasie tausend anderer angeregt, sie wird seit über 1000 Jahren immer wieder erzählt und gefeiert. Glaubst Du etwa, jemand wird nach 100 Jahren noch etwas über uns, über den Diözesanverband oder das Diakonische Werk erzählen?

B (katholisch): Wer weiß ... Martin zeigt uns neben der Weite des Herzens auch die Grenzen des Handelns: er gibt, was er gerade hat, mehr nicht. Er gibt den Mantel nicht ganz und vermeidet dadurch womöglich Erfrierungen. Er ist kein masochistischer Heiliger. In den Sozialstationen – und nicht nur dort – kennen wir das doch: Mitarbeitende machen Überstunden, um nicht finanzierbare Leistungen zu erbringen: mal ein längeres Gespräch, mal ein Gebet, mal ein altes Foto bewundern ... Ehrenamtliche gehen an ihre Grenzen, einfach so. Im Sinne des heiligen Martin möchte ich dazu sagen: Zum diakonischen Profil gehört auch, wie mit Mitarbeitenden umgegangen wird, ob ihre Arbeit wertgeschätzt wird und – ob auf die Grenzen der Belastbarkeit geachtet wird. Demotivierte, erschöpfte Mitarbeitende können anderen vielleicht noch Hilfe leisten, Lebensfreude erfahren und vermitteln können sie nicht.

A (evangelisch): Und hier schlage ich einen eleganten Bogen zu unserem »Heiligen« Martin Luther! Wenn er sagte, dass »Werke allein nicht gerecht machen,« war er einer der ersten, die das heute so genannte »Helfersyndrom« entdeckt haben! Ich möchte damit nicht die Motivation helfender Menschen in Frage stellen, beileibe nicht alle Menschen, die ungewöhnlich engagiert sind, sind dies aus einem seelischen Defizit heraus: jedoch – wir müssen uns unser Menschsein, unsere Güte nicht »verdienen«. Die Gnade gibt es voraussetzungslos und ganz und gar umsonst! Das heißt auch: manchmal etwas einfach seinlassen können, nicht für alles und jedes zuständig sein, die letzte Vollendung und das letzte Wort über ein Menschenleben Gott überlassen. Einen Menschen mit Demenz können wir nicht heilen, einen depressiven alten Menschen vielleicht nicht mehr mit seinem Schicksal versöhnen – wir müssen es auch nicht. Es gehört viel Stärke dazu, sich hier ein Urteil über ein Menschenleben zu versagen und es Gott anzuvertrauen.

B (katholisch): Ach ja, Martin Luther. Immerhin trägt auch er das Anliegen des heiligen Martin weiter. Seine Eltern werden sich schon etwas gedacht haben, als sie ihm diesen Vornamen gaben.

A (evangelisch): Ja, aber aufgepasst. »Martinus« kommt ja aus dem lateinischen und hat Mars, die Gottheit des Krieges im Namen!

B (katholisch): Stimmt, euer Luther konnte ganz schön grob sein!

A (evangelisch): Und ob! Aber was mich fasziniert: Der heilige Martin hat diesen Namen wohl erhalten, weil sein Vater aus einer alten Soldatenfamilie stammte. Der Weg des Sohnes sollte damit vorgezeichnet sein. Martin war immerhin 25 Jahre lang Soldat! Und auch der kleine Martin Luther hat außer diesem Heiligennamen nachweislich sehr viel Schläge und Gewalt erfahren, um ihn »zu einem anständigen Menschen zu machen.« Das hat ihn zu einem ängstlichen, schuldzerfressenen jungen Mann gemacht.

Und das Phantastische: Trotz dieser denkbar ungünstigen Vorgaben haben beide Martins sich zu gütigen, freundlichen Menschen entwickelt, die vielen zum Vorbild wurden. Sie haben ihre Verletzung nicht weitergegeben. Ohne dass der alte »Mars« in ihnen ganz unterging: Als Bischof musste Martin später viele mutige Entscheidungen gegen Widerstände durchsetzen, er hatte ein mit Macht verknüpftes Amt und Luthers gelegentliche Grobheit hast du ja schon erwähnt.

B (katholisch):   Und das wollen wir in Caritas und Diakonie ja auch: möglichst laut und deutlich auf Ungerechtigkeiten hinweisen, aber nicht immer als »die Guten« dastehen, sondern uns auch einmal auf bestehende Gegebenheiten einlassen. »Warum macht ihr das eigentlich noch?«, wird manchmal gefragt, »unter den finanziellen und gesetzlichen Knebelungen noch Altenhilfe und Krankenpflege leisten?«

A (evangelisch):   Eben um der Menschen willen! Martin hat auch nicht erst die Abschaffung des Militärs und der römischen Steuerpolitik gefordert, um aktiv zu werden. Er hat das ihm Mögliche getan.

B (katholisch):   Und deswegen gilt ihm unser Dank!

A (evangelisch):   Und seinen weniger bekannten Nachfolgerinnen und Nachfolgern natürlich auch.

▓ Info

Martin von Tours (316–397) ist der erste Heilige, der im Westen aufgrund seines Lebens, nicht seines Märtyrertodes wegen, heiliggesprochen wurde. Martin wurde als Sohn eines römischen Soldaten im heutigen Ungarn geboren. Mit zehn Jahren ließ er sich als Taufbewerber einschreiben, trat aber mit 15 Jahren auf Geheiß seines Vaters den Militärdienst an und diente in der gallischen Armee, wo er zum Offizier aufstieg. In einer Winternacht soll er in der Nähe von Amiens einem Bettler begegnet sein. Da er weder Geld noch Nahrungsmittel bei sich hatte, teilte er daraufhin mit dem Schwert seinen Mantel. Im Traum soll im Christus erschienen sein, der sich hinter dem Bettler verbarg. Martin ließ sich daraufhin taufen und verabschiedete sich aus dem Militärdienst. Er lebte als Eremit, bis er um 370 zum Bischof von Tours ernannt wurde. Der Legende zufolge soll er sich aus Bescheidenheit vor der Ernennung in einem Stall versteckt haben, wo ihn die Gänse durch ihr Geschrei verrieten. Martin starb auf einer Seelsorgereise im November 397.

Der heilige Martin wird bis heute mit Laternenumzügen der Kinder in Begleitung eines Reiters geehrt. Dazu gehören traditionell Hefemännchen und – in Erinnerung an ihren Verrat – die »Martinsgänse«. Martin ist Patron der Armen, Bettler, Soldaten, Reiter, der textilverarbeitenden Berufe und der Wirte und Hoteliers.

▨ Psalm und Lieder

Ps 8 (EG 704)
EG 154, Herr, mach uns stark
GL 899, Sankt Martin, dir ist anvertraut

VI. Anhang

Exemplarische Abläufe von Andachten

Andachten sind frei in Form und Gestaltung und lassen viel Spielraum zu Experimenten. Bei regelmäßig angebotenen Andachten empfiehlt sich allerdings eine feste Form, die eine geistliche »Beheimatung« unterstützt.

■ Längere Andacht (20 Minuten)

Eine mögliche Form für eine längere »wortzentrierte« Andacht (20 Minuten):
- Tageslosung
- Lied
- Psalm im Wechsel
- »Impuls« (Gedicht, aktuelle Zeitungsmeldung u.a.)
- Lied
- Bibeltext und Kurzauslegung
- Gebet (je nach Hauskultur können hier Bitten und Wünsche aus dem Arbeitsalltag eingebracht werden)
- Vaterunser
- Lied
- Segen

■ Kürzere Form

- Lied
- Psalm im Wechsel
- Bibeltext
- Schweigen, Musik oder kurzer Impulstext
- Vaterunser
- Lied
- Segenswunsch

▓ Zu Beginn einer Sitzung

- Tageslosung
- Bibeltext
- Impuls oder Kurzauslegung
- Gebet

Dies sind nur Hinweise – der Phantasie sind keine Grenzen gesetzt!

Allgemeine Gebete zur Ausgestaltung der Andachten

Vater Unser

Vater unser im Himmel.
Geheiligt werde Dein Name.
Dein Reich komme.
Dein Wille geschehe
wie im Himmel so auf Erden.
Unser tägliches Brot gib uns heute.
Und vergib uns unsere Schuld
wie auch wir vergeben unseren Schuldigern.
Und führe uns nicht in Versuchung,
sondern erlöse uns von dem Bösen.
Denn Dein ist das Reich und die Kraft und die Herrlichkeit
in Ewigkeit.
Amen.

Ave Maria

Gegrüßet seist du, Maria,
voll der Gnade,
der Herr ist mit dir.
Du bist gebenedeit unter den Frauen,
und gebenedeit ist die Frucht deines Leibes,
Jesus.

Heilige Maria,
Mutter Gottes,
bitte für uns Sünder
jetzt und in der Stunde unseres Todes.
Amen.

Luthers Morgensegen

Ich danke Dir, mein himmlischer Vater, durch Jesus Christus, Deinen lieben Sohn,
dass Du mich diese Nacht
vor allem Schaden und Gefahr behütet hast,
und bitte Dich,
Du wollest mich diesen Tag auch behüten
vor Sünden und allem Übel,
dass Dir all mein Tun und Leben gefalle.
Denn ich befehle mich, meinen Leib und Seele
und alles in Deine Hände.
Dein heiliger Engel sei mit mir,
dass der böse Feind keine Macht an mir finde.

Luthers Abendsegen

Ich danke Dir, mein himmlischer Vater, durch Jesus Christus, Deinen lieben Sohn,
dass Du mich diesen Tag gnädiglich behütet hast,
und bitte Dich,
Du wollest mir vergeben alle meine Sünde,
wo ich Unrecht getan habe,
und mich diese Nacht auch gnädiglich behüten.
Denn ich befehle mich, meinen Leib und Seele
und alles in Deine Hände.
Dein heiliger Engel sei mit mir,
dass der böse Feind keine Macht an mir finde.

Maria, breit den Mantel aus

Maria, breit den Mantel aus,
mach Schirm und Schild für uns daraus,
lass uns darunter sicher stehn,
bis alle Stürm vorübergehn.
Patronin voller Güte,
uns allezeit behüte.

Dein Mantel ist sehr weit und breit,
er deckt die ganze Christenheit,
er deckt die weite, weite Welt,
ist aller Zuflucht und Gezelt.

Maria, hilf der Christenheit,
dein Hilf erzeig uns allezeit,
komm uns zu Hilf in allem Streit,
verjag die Feind all von uns weit.

O Mutter der Barmherzigkeit,
den Mantel über uns ausbreit,
uns all darunter wohl bewahr
zu jeder Zeit in aller Gfahr.

Innsbruck 1640 (GL 595)

▓ Befiehl du deine Wege

1. Befiehl du deine Wege,
und was dein Herze kränkt,
der allertreusten Pflege
des, der den Himmel lenkt!
Der Wolken, Luft und Winden,
gibt Wege, Lauf und Bahn,
der wird auch Wege finden,
da dein Fuß gehen kann.

2. Dem Herren mußt du trauen,
wenn dir's soll wohlergehn;
Auf sein Werk mußt du schauen,
wenn dein Werk soll bestehn.
Mit Sorgen und mit Grämen
und mit selbsteigner Pein
läßt Gott sich gar nichts nehmen:
Es muß erbeten sein.

4. Weg' hast du allerwegen,
an Mitteln fehlt dir's nicht;
Dein Tun ist lauter Segen,
dein Gang ist lauter Licht,
dein Werk kann niemand hindern,
dein' Arbeit darf nicht ruhn,
wenn du, was deinen Kindern
ersprießlich ist, willst tun.

6. Hoff, o du arme Seele,
hoff und sei unverzagt!
Gott wird dich aus der Höhle,
da dich der Kummer plagt,
mit großen Gnaden rücken;
Erwarte nur die Zeit,
so wirst du schon erblicken
die Sonn' der schönsten Freud'.

7. Auf, auf, gib deinem Schmerze
und Sorgen gute Nacht!
Laß fahren, was dein Herze
betrübt und traurig macht!
Bist du doch nicht Regente
der alles führen soll;
Gott sitzt im Regimente
und führet alles wohl.

8. Ihn, ihn lass tun und walten,
er ist ein weiser Fürst
und wird sich so verhalten,
daß du dich wundern wirst,
wenn er, wie ihm gebühret,
mit wunderbarem Rat
die Sach' hinausgeführet,
die dich bekümmert hat.

10. Wird's aber sich befinden,
Daß du ihm treu verbleibst
so wird er dich entbinden,
da du's am mind'sten gläubst;
Er wird dein Herze lösen
von der so schweren Last,
die du zu keinem Bösen
bisher getragen hast.

12. Mach End', o Herr, mach Ende
an aller unsrer Not,
Stärk unsre Füß' und Hände
und laß bis in den Tod
uns allzeit deiner Pflege
und Treu' empfohlen sein,
so gehen unsre Wege
gewiß zum Himmel ein.

Paul Gerhard 1656 (Strophenauswahl)

▨ Beten können

Herr,
ich möchte gerne beten können.
Aber schon wenige Minuten ruhig zu sitzen, fällt mir schwer.
Tausend Gedanken, was noch zu tun ist, was ich heute versäumt habe, woran
ich unbedingt denken muss, gehen mir durch den Kopf.
Schenke mir Geduld mit mir selbst.
Vor Dir muss ich nichts leisten.
Schenke mir Ruhe,
damit ich auf Dich hören kann.

*

Gott,
ich möchte so gerne manchen Menschen ein tröstendes Wort sagen, weiß aber
nicht was.

Ich möchte mit ihnen beten,
traue mich aber nicht, es von mir aus vorzuschlagen.
Werden sie das empört ablehnen?
Oder warten viele insgeheim auf ein Gebet?
Nimm mir meine Angst und Zögerlichkeit,
hilf mir sensibel zu werden für das, was Menschen brauchen,
Worte oder Schweigen,
gemeinsam Lachen oder Weinen,
das Nötige tun oder eine Minute einfach nur da sein.

*

Gott,
am Abend lege ich den heutigen Tag in Deine Hände –
die vielen kleinen Freuden
und die Not und die Sorgen, die ich heute gesehen habe.
Besonders bitte ich Dich für ....
Bewahre Du die Menschen, denen ich heute begegnet bin,
und lass mich ruhig und sorglos schlafen.

*

Gott,
lass uns unsere Zeit als ein Geschenk annehmen,
sie nicht nur füllen, rumbringen, überstehen,
sondern uns offen halten für Dich,
wenn Du uns begegnen willst jenseits aller Pläne.
Lass uns bedenken, dass wir einander nur geliehen sind in der vergehenden Zeit
und lass uns sorgsam miteinander umgehen.
Hilf uns, unsere Zeit auszukosten in ihrer Tiefe, Fülle und Freude.
Wir danken Dir für die Gewissheit, dass Du da bist,
und jede Stunde zu unserer Stunde werden kann,
wo wir leuchten und Erfüllung des Daseins finden.

*

Lieber Herr,
manchmal ist alles zu viel:
Zu viel Arbeit, zu viel Sorge, zu viel Kleinigkeiten, die unser Leben aufreiben,
zu viel Langeweile, zu viel zu tun oder lassen.

Und uns bleibt zu wenig:
Zu wenig Freude, zu wenig Sorglosigkeit, zu wenig Spiel, zu wenig Großzügigkeit, zu wenig Dankbarkeit.

*

Herr,
ich glaube nicht mehr,
dass alles von mir abhängt.
Ich bin auch nicht das Maß aller Dinge.
Ich habe aufgehört zu fragen und zu wollen.
Jetzt bin ich jenseits von Verzweiflung und Zuversicht.
Wie ein kleines Kind
– staunend – ist meine Seele in mir,
wie ein kleines Kind bei seiner Mutter
– fraglos –
ist meine Seele geworden.
Meine Seele ist ein Auge, das staunend den Himmel schaut,
meine Ruhelose, Tanzende ruht schweigend in Deinem Arm.

nach Psalm 131

▓ Fürbitte

Herr, Deine Freiheit ist nicht die Freiheit des Marktes. Deine Freiheit ist die Freiheit von Angst vor dem Leben und die Respektlosigkeit, Dich »Vater« nennen zu dürfen. Lass diese Kühnheit in uns wachsen, dass wir unsere mannigfaltigen Ängste überwinden: die Angst, wir selbst zu sein; die Angst, gut zu sein; die Angst, Neues und Ungewohntes zu wagen; die Angst, einmal auf das zu verzichten, was uns zusteht.

*

In der Welt ist viel Angst: Die Angst des Schulkindes vor Schikanen, vor dem schulischen Versagen; die Angst um den Arbeitsplatz oder davor, nie wieder Arbeit zu bekommen; die Angst vor Alter und Siechtum und die große Angst, nicht geliebt zu werden. Hilf uns, unsere Ängste anzunehmen und in Deiner Freiheit zu überwinden und denen beizustehen, die in Ängsten sind.

*

Viele Menschen ängstigen sich zu recht: vor Gewalt, vor Vertreibung, vor Hunger und Krieg. Andere wissen nicht, wie sie die Woche finanziell überstehen sollen, sorgen sich um die Zukunft ihrer Kinder. Hilf uns, Ängste in Mut und Energie zu verwandeln, um das Leben zu bestehen und für Gerechtigkeit zu kämpfen.

*

Herr bewahre uns davor, uns von Deiner Freiheit ein Bildnis zu machen, das Wort zu missbrauchen für Dummheit, Respektlosigkeit gegenüber anderen, für angebliche Tabubrüche, die unser Menschsein erniedrigen. Du hast uns befreit, lass uns nicht in die Knechtschaft der Ignoranz geraten.

*

Herr befreie uns von der Diktatur des eigenen Ichs, von der Angst, immer zu kurz zu kommen, von unserem Pochen auf das, was unser gutes Recht erscheint. Lass uns Deine Freiheit als Freigebigkeit und Barmherzigkeit erfahren, die sich verschenken und nicht knausern will. Schenke uns den Mut zu dieser Freiheit und lass sie uns täglich neu dankbar erfahren.

Danksagung

Eine Andacht in der Woche macht noch kein »diakonisches Profil« – sie kann aber Mitarbeitenden eine kleine Auszeit, eine Zeit der Besinnung und Beheimatung schenken. In diesem Sinne beginnen wir im Diakonischen Werk Baden jeden Montag die Woche mit einer Andacht, auch manche Sitzung mit einer Besinnung. Das soll keine religiöse Garnierung über den oft doch recht profanen Arbeitsalltag, über die Diskussion von Kennzahlen, Pflegesätzen und manche notwendige Kontroverse sein, sondern ein Zeichen, dass es eine Wirklichkeit jenseits unserer alltäglichen Verstrickungen gibt und eine Vergewisserung, nicht allein auf dem Weg zu sein. Die Andachten dieses Buches sind »gut protestantisch« wortzentriert – eine/r liest etwas vor, die anderen hören zu. Aber natürlich ist eine Andacht immer auch eine Interaktion. Wir danken daher besonders herzlich den Mitarbeitenden des Diakonischen Werks Baden, den Sitzungs- und Fortbildungsteilnehmenden und Gemeinden, mit denen wir die dokumentierten Andachten gefeiert haben. Ihr Mitgehen, ihre Rückmeldungen (»Müssen Sie denn immer so theologische Begriffe verwenden, versteht doch keiner!«) haben uns sehr geholfen, die Andachten, wie wir hoffen, lebensnah zu gestalten. Danke, liebe Kolleginnen und Kollegen und Dank auch an das Diakonische Werk für alle zeitliche, technische und finanzielle Unterstützung, die dieses Buch möglich gemacht hat. Und Dank natürlich auch dem Verlag Herder, der sich auf dieses Experiment der Veröffentlichung eingelassen hat.